图书在版编目（CIP）数据

圈层效应：理解消费主力95后的商业逻辑 /（美）
托马斯·科洛波洛斯，（美）丹·克尔德森著；闫晓珊译
. -- 北京：中信出版社，2019.1（2021.12重印）
书名原文：THE GEN Z EFFECT: THE SIX FORCES
SHAPING THE FUTURE OF BUSINESS
ISBN 978-7-5086-9804-5

I. ①圈… II. ①托… ②丹… ③闫… III. ①商业模
式－研究 IV. ① F71

中国版本图书馆 CIP 数据核字（2018）第 273034 号

圈层效应——理解消费主力95后的商业逻辑

著　　者：［美］托马斯·科洛波洛斯 ［美］丹·克尔德森
译　　者：闫晓珊
出版发行：中信出版集团股份有限公司
（北京市朝阳区惠新东街甲4号富盛大厦2座　邮编　100029）
承 印 者：北京通州皇家印刷厂

开　　本：880mm×1230mm　1/32　　印　　张：9　　字　　数：201千字
版　　次：2019年1月第1版　　印　　次：2021年12月第4次印刷
京权图字：01-2015-8587
书　　号：ISBN 978-7-5086-9804-5
定　　价：59.00元

服务热线：400-600-8099
投稿邮箱：author@citicpub.com

目录

前　言

不管身处哪个时代，人们都喜欢把自己放在时代的最前沿，认为自己所处的时代站在人类文明的巅峰，拥有史上最好的发展模式、最顶尖的科学技术和最先进的社会形态。因此，我们认为应该立足当下，解决现实问题，无须杞人忧天。毕竟，如果不解决今天的问题，根本不会有什么明天，这在理论上是对的。但是，明天总会到来，也会带来更大的挑战和机遇。

我们为什么特别关注“世代”这个话题？为什么关注Z世代[①]？其他重要问题怎么办？例如，不断升级的恐怖主义威胁；气候变化的不确定性；收入差距扩大带来的社会压力；全球失业现象造成年轻人普遍悲观沮丧；世界经济中隐约可见的金融危机，全球债务已

① Z世代通常指1995—2010年出生的互联网一代，本书泛指那些在行为和态度上符合互联网一代特征的人。在中国，人们习惯上把这一代人称为95后，泛指1995年以后出生的年轻人。——编者注

达223万亿美元，占全球GDP的331%；[1]不断增长的能源成本负担，寻求可再生能源已势在必行；世界上有成千上万个亿万富翁，但与此呈鲜明对比的是仍有近10亿人无法使用清洁水源，25亿人无法享受基本公共卫生设施。

我们关注Z世代的原因是：解决这些世界性问题需要携手合作，我们曾与上百个机构共事，其中有小型企业和跨国公司，也有非营利组织和政府。我们发现，合作的最大阻碍来自一直被大家默认的代际差异——每一代人都形成了自己的圈层，并形成了具有鲜明特点和很大影响力的圈层效应。这些效应已经深深印刻在我们的思维模式中，我们根本不会质疑它们的存在，而且还在世代之间掘壕固守，为自己的世界观建立意识形态堡垒，将世代之间的差距拉得越来越大。这种倾向在企业设立过程中的反作用最为明显。从结果可以看出，当员工为一个共同的中心战略和愿景肩并肩地工作时，企业的经营效果最好。

Z世代之所以能激发我们的热情，是因为在这一时代，各代人之间彼此融合，逐渐消除了长久以来阻挡我们前进的代际障碍，让我们在迅速后世代化（post-generational）的世界中保持创新的能力。后世代思维要求我们不仅要改变个人对于代际的认识，同时也要建立组织机构，帮助改变人们对代际问题的认识。

Z时代①效应的基础是一套新的行为模式，是涉及各代人的一场

① Z时代是指21世纪信息爆炸、高新技术快速发展、思想观念飞速变化的时代。——编者注

大变革，最终使我们跳出代际隔阂开展合作。现今的技术逐渐被各个年龄段的人们所接受，推动了变革的发展，增强了经济、社会组织的世界化和共同合作意识。我们生活在这样一个世界里：

◎ 祖母可以通过苹果平板电脑与蹒跚学步的孙子视频通话。

◎ 家庭日收入不足 5 美元的肯尼亚儿童也可以参加麻省理工学院的网上公开课。

◎ 一位婴儿潮时代出生的女士虽然失业了，但可以在 Kickstarter（美国的一家众筹网站）网站上为她最新的发明募资。

◎ 一个中学生用 3D 打印机制作具有划时代意义的新型医学仪器。

这些都是 Z 时代效应的现实案例，这些人的共同点就是拥有变革的欲望，能够以简便、低成本的方式建立彼此间的联系，获得人类积淀的知识。数十亿人的小步探索汇聚成人类前进的一大步。

但是，代际界限已然存在于我们的商业活动中，它们影响了机构设置、市场机制和人们对彼此的判断。这些界限简单粗暴地将人们划分成不同群体，但我们却很少质疑其背后的逻辑，而且一定程度上以自己被划分到的群体为荣。这是由不得我们选择的身份认证——就像血统、发色和眼睛的形状——然而我们仍以此为荣，并且产生了诸多误解。

从成熟一代到千禧一代，加速变革的力量将各个世代的跨度压缩得越来越小。

在 20 世纪上半叶，两个不同世代的人共事是很正常的事，而过去 50 年间，往往是三四个世代的人一起工作，并且各代之间很难用确切的年龄界限加以区分。

随着工作年限的不断延长，到 2020 年，会有 5 个世代的人在一起工作（见图前 –1）。[2]

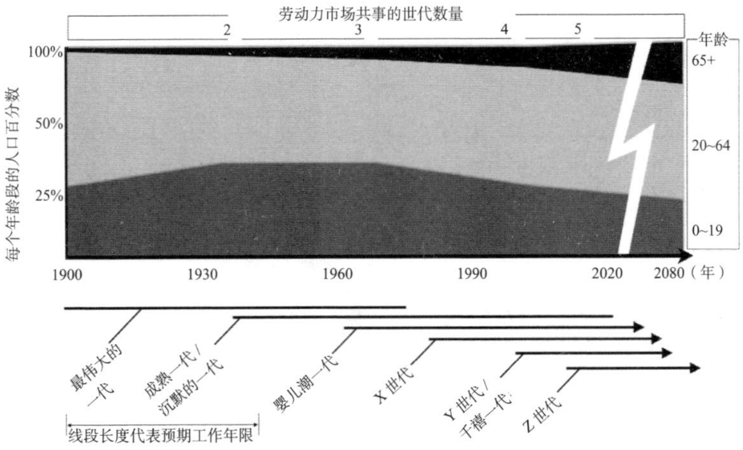

图前 –1　不同时期共事的世代数量

从图前 –1 可以看出，1900—2080 年，共有 6 个特征鲜明的世代群体。图下方的每条横线表示每个世代的工作年限。图中阴影横条（从上到下）代表以下年龄群占人口的百分数（纵轴）：65 岁及以上、20~64 岁和 0~19 岁。65 岁以上的人口比重不断增加，0~19 岁区间人口比重不断下降。另外，共事的世代数量（上方横轴）从 20 世纪初的 2 个增加到 2020 年的 5 个。

但是，5 个世代的人一起工作仅仅是我们能预见到的世代大聚合的开端。假设每四年为一个世代，人们的工作年龄为 20~80 岁，随着预期寿命和工作年限的不断增长，技术转化和创新的间隔越来越短，到 2080 年，将会第一次出现 15 个世代的人在一起工作的景象。很难想象届时组织机构和整个世界会是什么样的，因为无论是交流、合作方式还是对商业风险和社会价值的看法等方面，不同世代人的行为和态度千差万别。这种情况可能会导致各机构无法正常运转，难以形成统一的兴趣和价值观，也没有机会开展建设性合作。这正体现出 95 后圈层效应的融合力量对未来所有组织机构的重要性。当然，要想准确地描绘出这个未来也并非易事。

改变商业本质的年轻人

因此，关于未来和 Z 世代，我们能确认的只有这一点：它们的世界会超出我们的想象。

我小时候最难理解的概念就是自由落体的速度。简单来说就是：所有物体以每平方秒 9.8 米的速度自由落体。让我困惑的是“平方秒”的说法。一个物体以某个速度下降，比如每秒 100 米，这很容易理解。其中涉及的数学计算也很简单，1 秒移动 100 米或者 2 秒移动 200 米。但这不是引力的作用方式。如果一个物体从比之前高一倍的地方自由落体，它落到地面的时间并不是之前的两倍，而是1.4倍。[3]原因是物体降落时的高度越高，用于加速的时间越多。这与高速公路上的加速原理相似，如果速度在10秒内从0加到105千米每小时，那么其实每一秒的路程都有所增加。

这与未来和Z时代效应有什么关系呢？未来也有一种引力，推动我们越来越快地前进，这种引力就是技术。从技术层面来说，其变革速度不可能与过去一样。可以这样想，过去的几百年就是我们进入高速公路后刚开始加速的前几秒。这段时间内，我们连接世界、拓展各个领域（包括政治、经济、商业、休闲）的能力以及加快发展的能力大大提升了，这种变化之大对于20世纪初的人来说绝对无法想象（我们将在第三章中详细讲述）。

但是，未来100年内发生的变革速度将会更快。今天相互联系的企业仅仅是超连接世界的序曲，我们正向这个世界快速发展。过去用100年的时间才完成的变革现在只需一半的时间，甚至更少。

如果我们按照过去60年来的指数轨迹发展下去，到2100年，我们拥有的互联计算机设备数量甚至比全世界上的沙粒还要多——事实上，很可能达到现在的100倍！想象一下，计算机全面进入我们的生活，从食物到衣服，从我们开的车（或者说载着我们的车），再到身体里的植入物。技术将融入我们生活的方方面面，这正是推动Z时代效应发展的力量。最重要的是，Z时代效应将改变商业活动的本质，其实现途径不仅包括加速技术创新，也包括将价值创新和交流渗透到全球各个角落。现在世界上有几十亿人并不在经济主流之内，将来一定会被卷入全球商业活动的旋涡之中，100 亿人身处一个巨大而又互通的全球价值链中，彼此有千丝万缕的联系。

这种情况为我们未来的商业模式带来许多变化，细究起来这些变化将突破我们的想象力，几乎接近科幻小说了。正因为它看上去不可想象，所以我们不太相信这种变化会发生，就像某种虚无缥缈的反乌托邦观点，直到现在仍旧无法付诸行动。

越来越受关注的 95 后

对于商业活动来说，Z 时代效应为我们带来了超越时代假象的机会，这些机会和 Z 世代本身都非常惊人。这就涉及一个前提，即对“后世代世界”这个概念的怀疑。但是我们所做的研究和本书中提到的具体案例让我们坚信，Z 世代比我们预期来得更快。现在是时候开始消除代际隔阂了。

◎ IBM（国际商业机器公司）已经实行以成果为导向的工作制，生产力提升了 1.5 倍，节约成本 7 亿美元。

◎ 凯悦酒店利用设计思维打破世代间的阻碍，成为最令人羡慕的用人单位。

◎ 思科通过逆向导师制（reverse mentoring）改革了不同世代工作人员之间共享知识的方式。目前只有 15% 的公司做到了这一点。

◎ 多芬完成了从 20 世纪付费媒体到 21 世纪社交媒体的跨越，在全球范围内发起了消除与美相关的代际隔阂行动。

◎ 关注 Z 世代的非营利组织——解放儿童组织已成为世界上最大的社交活动平台，但从未把一分钱用于广告宣传。

◎ 劳氏公司利用行为数据，超越各年龄段的人口特征，找出了顾客购物模式以及背后的原因。

◎ 著名高校，如斯坦福大学、哈佛大学和麻省理工学院，免费向大众提供课程，破除了高等教育的基础，而这正是它们自己建立的基础。

◎ 每年有多达 400 万家新公司可以一夜之间得到大量的资金。

◎ 74% 的专家认为专利体系需要进行全面修改，20% 的专家认为专利体系毫无用处。

95 后圈层效应六大特点

很难将影响组织机构形成的各种作用力简单概括为几类，更难保证我们能为组织机构制定明确的指引，以应对情况变动，现在这两种挑战都在考验我们的忍耐极限。然而，本书写作的目的就是对塑造后世代组织机构的未来的特点进行定义和阐释，探索利用这些特点打造更多成功企业的具体方法。

95 后圈层效应共有 6 个特点，我们将在接下来的章节中逐一讨论。这 6 个特点是本书的主要内容。我们之所以选择这 6 个特点，不仅因为它们对商业活动的总体影响最大，还因为它们有能力颠覆我们现在的商业活动概念。95 后圈层效应的六大特点包括：

◎ 年龄包容性：即将发生的人口再分布极具破坏性，平衡全球 13 个年龄群中的人数，每个年龄群跨度为 5 岁，从 0 到 64 岁（即 0~4，5~9，10~14……60~64）。[4]

◎ 在线化：人、计算机、机器和物体之间的超连接呈指数增长。

◎ 低技术门槛：开发用户体验和支付能力产生的变化，将最先进的技术应用其中，使大量用户在一夜之间与技术先驱一样使用尖端技术。

◎ 财富影响力减弱：通过跨越年龄段和其他人口学边界的社区不断扩大对世界性事件的影响力，无须大量资金支持即可达成。

◎ 文化跨界：使全世界各个层级和年龄段的人在经济承受能力之内共享教育机会。

◎ 创意思维——简单有效的力量：打破障碍，获取捷径，突破现有体系约束。我们更注重结果而不是过程，意义和目的成为私人和专业领域的中心内容。

推动 95 后圈层效应的六大特点并不是在时代转换时才出现的，它们极大改变了我们一直默认的交流方式的基本理念。

最后一件事

本着Z时代的精神，我们写作本书的目的是为了让本书更容易理解，使得大众在Z世代理念下开展合作时更加顺畅。除了TheGenZEffect.com网站上的补充材料和丰富的电子书材料之外，这本书中的叙述部分穿插着用粗体标出的文章片段，指出了这段文字的中心思想。比如：

代际思维就像巴别塔，仅用来割裂我们，为什么不将注意力集中到使我们联合起来的行动上呢？

我们尽量精简这些精华语句，使其便于传播，尽可能在推特规定的字数之内，这样方便在社交媒体中使用。读者可以从《圈层效应》的电子书中直接摘出语句放在推特等社交媒体上。我们在每一章的最后都有"付诸行动"小节，包含几个关键问题，帮助读者评估自身或所在组织为即将到来的Z世代做了什么样的准备。还有一个Z时代领袖的列表——包括个人和组织机构——他们控制着前进的步伐。

分享这些精辟短句，将自己与Z世代的交流带入生活中。可能你会同意我们的一些观点，但对另一些持怀疑态度。无论是哪种情况，都是交流的起点，我们正是希望你带着这些观点通过打破时代巴别塔进入下一个层级，在此之上建立一个充满新理念、建立在新视角上的未来。

在TheGenZEffect.com网站上，你会发现一份详细的评估体系，可以测量你在数万名同龄人中的 Z 世代排名。这份评估会指导你更好地理解那些将你推向或推离 Z 世代的行为和态度。你还会看到围绕 Z 时代效应的诸多细微差别而发生的案例，产生的评论、交流，甚至争论。

借用经济学家约瑟夫 · 熊彼特在 20 世纪初流行的一句话："对过去和现在的创造性破坏是建造未来的第一步。"

好消息是商业的未来已经有了剧本，并且就在你的手里。

1 第一章　遭遇 Z 世代
——95 后的崛起

所有时代都不想被超越。

——恰克·帕拉尼克，《摇篮曲》

本章将界定 Z 世代和 Z 时代效应的概念，描述世界向后世代转变的基本动力，解释为何我们认为 Z 世代是 21 世纪最后一个世代，为何它开启了创造与创新的新纪元。

思考一下这个问题，我们对世界运转方式的认识其实大多建立在自认为永恒不变的真理之上：同一个世代中的人们对世事变化具有相同的信念、经验和价值观，不同世代的人们对此的认知各不相同。随着年岁的增长，人们将越发维护自己世代的信念，拒绝创新和破坏，保护自己努力树立的理念、权利和影响力。

但是，对不同世代的认知是否可能是人们的凭空想象？世界人口变化如此巨大，技术更新与简化如此迅速，超连接、全球化教育的发展日新月异，克服困难、实现创新的新方式层出不穷，我们是否可能已经一头扎进后世代世界？

本书有一个重要理念：长期以来，各个世代之间互相隔离，Z 时代效应可以将这种边界距离缩小甚至消除。突然之间，我们发现自己能将很难的计算机技术运用自如。以前认为无法掌握计算机技术的老一辈人，现在却很快克服了对计算机的恐惧和厌恶，直接进入后计算机世界。他们不需要使用手册或接受训练就能使用移动设备、触屏设备、语音设备和穿戴设备。祖母与孙儿一样使用社交网络。[1] 曾经将我们分开的技术现在正又将我们联系在一起。

人们会在课堂之外不断学习新事物，建立广泛的人际关系网，并通过社交媒体和网络社团扩大其影响。具备这些能力的人不再仅限于权贵阶层，也包括各年龄层和各类人群。但是，本书不仅讨论下一个时代，也讨论20世纪的时代。本书会讨论6种统一的力量（Z世代的6个特点），它们普遍而深刻地塑造了我们生活的方方面面，影响了各个年龄层的人群。

哪些人属于Z世代？

首先，我们要明白一点：虽然我们现在十分认可Z时代效应在拉近不同世代之间的距离上所起的作用，但是对于20世纪出生的人而言，Z世代初期带来的全新的行为模式看上去既新鲜又奇怪，这些行为在十年前出生的孩子身上最为明显。为确定Z世代的起始线，我们将从2005年的前后十年入手。别忘了，前言中也提到，年代的边界在过去的一个世纪中越来越模糊。因此，鉴于Z世代的说法越来越广为人知，其起始日期也众说纷纭，总体上介于1995—2015年之间。我们并不想过于纠结Z世代到底开始于哪一年，因为本书的主旨之一是认为Z世代与其说是与生俱来的权利，不如说是一套通过有意识的选择而呈现的共有行为模式。

虽然本书中谈到的大部分内容源于一系列变革，而且这些变革在 2005 年之前早已发生，但在 2005 年左右出生的孩子所特有的态度和行为极大地影响了我们看待未来的方式。这些孩子不仅仅是“数字化原住民”，也是超连接在一起的数码狂人，他们的想法会对世界产生永久性影响。事实上，我们认为千禧一代人是 Z 世代真正数码原住民的测试版。

对于 Z 世代的人们而言，技术是无形的；技术仅仅是世界影响他们并与之互动的一种方式。他们没有看到技术与其他事物的自然行为之间的区别。对他们而言，技术不过是组成生命之网的一条线。就像雏鸟对孵化后第一个看到的移动目标会产生印随行为一样，95 后对技术也有类似的印象。

按照常识，当人靠近的时候，蜜蜂会蜇人，狗会与人玩耍，鸟会飞走；同样，Z 世代出生的人理所当然地认为事物是有行为能力的，甚至是有个性的。赋予某个事物行为和个性并不新鲜，比如人们小时候都曾把自己的毛绒玩具看作有生命的物体。但是与之前不同的是，现在这些行为和个性建立在事物的实际行动之上，而不是我们的想象之上。结果是与“智能”事物的双向互动成为新常态，成为生活中常见的“神器”。而“愚蠢”的事物逐渐没落，因为它的“个性”是所有者赋予的。对以前的这种情况习以为常的人，势必会对现在的新变化惊叹不已，但对于 5 岁的孩子来说，这不难接受。简而言之，技术对于没有在这种技术环境中成长的人来说才是技术。

我们的一个名叫林恩的好朋友，最近分享了一个她两岁女儿茱莉亚的故事，更好地说明了这一点。38% 的美国儿童经常使用平板产品，[2] 茱莉亚就是其中之一。她常用的是苹果平板电脑，并且管它叫“拍拍”，想要它时就像婴儿要奶嘴一样哭闹，得不到的话同样会沮丧。茱莉亚很聪明，她最喜欢的游戏是卡片配对游戏，即通过触摸屏幕翻动卡片以找到配对图片。她会在配对成功时兴奋地大笑，并且不厌其烦地玩。这并不奇怪，你可能见过你的孩子、孙辈、侄子、侄女等玩类似的游戏——甚至你自己也玩过。

最近，林恩有个新想法，她找出了 10 岁的儿子在茱莉亚这个年龄时玩的真实版配对游戏卡片，将“旧世界”的经验与茱莉亚一起分享，期待她体会到用真正的卡片玩游戏的乐趣。林恩对这个想法很兴奋。当她摆出卡片时，茱莉亚知道要玩这个游戏，越来越高兴，甚至开心地拍着手。可是林恩并不了解茱莉亚对游戏的预想。

卡片整齐地摆好后，茱莉亚伸手拍打卡片试图翻开，但是翻不动。茱莉亚看上去很疑惑。她更加用力地一次又一次地拍打，直到最后生气地挥动双手把摆好的卡片翻乱，在她看来，这个“拍拍”明显坏掉了。

在你认定茱莉亚的情绪崩溃仅仅是一个儿童被科技带离现实的可爱案例之前，请先考虑这个事实，即她所感受到的现实：对于茱莉亚来说，物体具备某种行为能力，可能最重要的一种行为能力就是与我们互动的智能处理能力，不能做到这一点的事物就是坏掉了。

我们认为在 Z 时代你可能会遇到茱莉亚面临的问题。同时，你可能会很快列出茱莉亚的行为从哪些方面剥夺了来自现实世界的乐趣和惊喜。很快，世代之间的差别就凸显出来。但是，请等一下，茱莉亚将来可能会成为你的顾客、你的员工、下一代伟大的企业家、参议员，或者可能会成为你的老板。你可以想象到这个画面，对吗？我们无法扭转或改变茱莉亚对这个世界运作方式的期待，就像我们无法改变你认为苹果会从树枝掉到地上的想法一样。但是，如果你要进入茱莉亚的世界，就必须相信在某些情况下，苹果会与我们讲话，告诉我们什么时候可以吃掉它。

这就是我们为什么不能将 Z 世代仅仅看作一个世代，而应看作一套新的行为和态度模式，这个模式涉及世界将如何运作，我们应如何应对才能保证不落伍、保持竞争力且掌握世界发展动态。渐渐地，出身并不那么重要了，融入 Z 世代意味着接受这些行为，或者至少理解这些行为及其带来的价值。**简单来说，Z 世代与出生时间无关，它是一种是否接受新的行为方式的理智选择。**

19 世纪，法国历史学家亚历西斯·托克维尔写道：“每一个世代都是一群新人类。”但是，他和 20 世纪的人们一样，无法预见代际差异不断缩小和微时代现象的出现。微时代现象指的是出生时间相隔仅仅几年但成长中经历的技术却完全不同。

现实情况是，以前所有用来界定世代边界的指标都在变化，被压缩成小得不可思议的时间间隔。2 岁的儿童和 6 岁的儿童使用的平板电脑技术不同，完全可以被视为来自两个世代。在这种情况下，我们或许可以认为世代的更替与三星产品的发布日程差不多！

这种微世代经历对于我们任何一个人都是未知领域。这与我们一贯认为的世代概念完全不同。[3] 仅仅几十年间，电子通信就从传真发展到电子邮件，又发展为即时消息、短信和推特，每隔 4~5 年，一种新的通信手段就取代前一种成为新数字居民喜爱的交流方式。**随着新型交际媒体的出现，一种较为抽象的现象也逐渐显现：新一代的技术行为是在老一代技术行为基础上的提升，而不仅仅是继承。**

由于微世代的出现，没有必要思考 Z 世代之后是什么世代这个问题。没有后 Z 世代，没有世代 2.0，没有世代 AA，也没有 α 世代。Z 世代是最后一个有标记的世代了。这是个好消息，因为 Z 世代与其他世代不同，它的世代行为和态度并不由某几年出生的人群决定，相反，它是一种理智选择，本书的精髓就是说明这种选择的好处。

接受 Z 时代效应的同时，你便成为其中的一部分。世代边界的障碍和人为的划分标准不再限制你参与未来创造的能力——只有你自己可以做到！

全部接受并理解我们提到的这些改变，可能有些困难，但是 Z 时代效应无疑有很多积极影响，它将彻底改变我们的组织机构、期待和行为，为我们的组织和世界面临的最大的难题提供一种解决办法。

那么，这对你而言意味着什么呢？理解并接受 Z 世代意味着你将能够：

◎ 应付有史以来年龄跨度最大的人群，并与之合作。

◎ 在高度合作化的工作中获益。

◎ 建立专业关系，平衡利用年轻人的活力和老一辈人的智慧。

◎ 抛掉过去的经验观念，开始一段重新学习的生命历程。

◎ 与你的儿孙辈亲密互动，不存在技术隔阂。

◎ 接受破坏力和不确定性的价值所在。

◎ 在一个不断加速发展的世界中成长壮大。

我们知道，完成这些任务有很长的路要走，但是我们并不想说服你去做无论如何都不想做的事。我们只是给你一个温馨提醒，这样你可以对即将到来的变革有所准备。Z时代效应将带来人类史上最具颠覆性的态度与行为变革。如果选择成为Z世代的一部分，我们会起到重要作用，因为我们将会是信息时代最后可辨识的一代，也是超连接时代的第一代。

不要低估接受这一转变过程中蕴含的巨大能量。如果你是Z世代的一部分，那么你就是连接不同行为的桥梁，桥的一端是过去，另一端是未来。不管喜欢与否，你都是火炬手，照亮的既有好事也有坏事：有进步和繁荣，有团结和互联，但是也有财富分布不均、恐怖主义和政治斗争、气候变化和经济波动，所有这些都在你的眼皮底下发生。但是，假如你愿意的话，你也可以为解决这些巨大难题带来希望。

Z时代效应的前提就是我们有权选择前进还是后退。Z世代将带领我们进入一个新的充满各种可能性的时代。但是我们在更新以往行为的时候也要接受这种变化带来的巨大破坏，因为以往的行为根深蒂固，很可能已融入了基因之中。但是，就算基因也会随着时间的流逝产生突变。Z 世代也一样，经过两百年的序曲，一步一步渐渐成型，成为由不断变化的人口和快速发展的技术主导的社会。

如果你现在做一下调查，会发现许多案例（其实是提示），如表 1–1 中人们曾经坚信不疑的社会基本体系如何让位于完全不同的体系，以及人们的态度如何随之变化。

表 1–1　Z 世代之前与之后态度对比

	Z 世代之前	向 Z 世代转变
互联网连接	特权	人权
影响力	需购买	自己挣得
知识产权 / 专利	创造价值	造成阻碍
失败	需避免	需接受
赌博	无附加值的游戏	参与的基础
不确定性	有所准备	可以预测
退休	目的地	旅程
连接性	奢侈品	必需品

本书两个作者，一位出生于婴儿潮时期，一位是 X 世代（介于婴儿潮一代与千禧一代之间），他们如何了解 Z 世代的思想？希望你能与我们一样，第一次打开思路，考虑超越自身经历的可能性，认识到 Z 世代态度和行为的价值，并为此惊叹不已。

当你在阅读本书的时候，你可能会忽视态度和行为这两个方面。这是很有可能的，因为我们仍生活在代际观念的影响下。但是，请试着从我们的受访者之一苏曼·穆拉穆迪的角度看待 Z 世代，之后会谈到他的详细情况，他对我们说道："令人受伤的不是经验本身，而是人们对经验的依赖。他们忘记了一个事实，真正的科技出现在他们没有经验的领域。我真心相信，如果你从未失败过，那么意味着你从未成功，因为没有失败意味着你没有尝试任何不确定的事情，你从未跳出固有思维。"

顺便一提，苏曼·穆拉穆迪今年 15 岁。我们同意他的观点，希望能进一步阐释他做的类比。**有时，经验与其说是拐杖，不如说是附加的钢筋铁骨（外骨骼），它会帮助我们完成不可思议的任务。但它缺乏灵活性，规定了什么是我们能做的，使我们不能或不愿意去质疑。**

另外需要指出的是，我们并不是要盲目接受所有新行为并把它们当作 Z 世代的一部分。因为，既然所有事物都在变化，那么一些有建设性的质疑并不妨碍我们将有价值的行为与破坏性的行为区分开。如果因为新生事物不符合以往经验而忽视它，这才是危险之所在。简单来说，不要让过去的经验束缚了未来的可能性。以上是我们将要讨论并利用的案例以及做出的建议，只有通过具体实施才能全面理解。判读一种新行为是否有意义就像判断一种我们从未使用过的新产品是否有意义一样。只有经验才能决定结果。

1984 年，《旧金山观察家报》的科技版记者约翰·德沃夏克曾写道："苹果机使用一种实验性的指示装置，这种装置叫作'鼠标'，不怎么受欢迎。"[4] 这是当然的，因为第一个商用鼠标直到 1983 年才问世！平心而论，德沃夏克的观点与新技术在市场上的表现预期一样没有根据。回首过去，只有一条路通往现在；展望未来，却有无数条路通向将来。因此，回首过去，选择正确的道路是很容易的。

对未来的学术讨论是一回事，但是在未来生活是另一回事。只有通过经验我们才能决定哪一条通往未来的路是值得选择的。因此，我们提醒大家：Z 世代需要开放的思维，愿意不断进步，并包容变化带来的不适。

世代界限终结的开端

开展进一步的讨论之前必须定义 Z 世代和 Z 时代效应。这两个概念贯穿全书，很容易被混淆，但其实它们是不同的。Z 世代是关于世界运行的一系列行为和态度，你可以生于其中，也可以选择成为其中的一部分。**Z 时代效应是指通过技术的简化和便利将不同时代联合起来而非分裂开来的现象。**

如果符合以下条件，那么说明你属于 Z 世代。

◎ 出生于生育高峰期，准备开始下一项事业，而不是退休。

◎ 2005 年前后出生。

◎ 你的事业刚刚起步，但是不会停止求学。

◎ 你相信要实现创新，就必须跨过将我们分离的边界，而不能被其局限。

◎ 你是一名领袖，希望以自己的方式保持年轻与活力，并且鼓励他人也这样做。

◎ 你乐于挑战传统智慧——虽然这种挑战有可能来源于自己。

◎ 你是一名教育者，不希望将自己置于高高在上的神坛上教授课程。

◎ 你相信现在统计的有 27 亿人使用互联网的数据中，少统计了 43 亿人。

◎ 你不愿接受：只有权势才能产生影响力。

这并不意味着你一觉醒来就能决定选择 Z 世代。根据全球人口统计数据，这种突然的转变是不可能的。现在，出生于过去 5 个世代的人群之间仍有巨大的代际差异，因为这几个年代的起始和终止时间几乎是完全不同的世界，不同的人群对待变化的态度和反应是不同的。

近些年，代际差异一直在逐步缩小，可以说是正在加速缩小，与未来世代的差距几乎消失。Z 时代效应通过两种方式达到以上效果。

使技术简单化是一项复杂的工作

Z 时代效应缩减代际差异的第一种方式是利用新技术的简捷和

便利性，比如移动设备和平板电脑，这样不同年龄段的人群更有可能接受它。

但是技术的简化是一个长期且曲折的过程。最简便的技术其实往往极其复杂，使用者既不会看到也不会关心。

例如电子书，从学前儿童到80岁老者都可以使用。其实电子书的发展有一段很长的历史。通过1971年的古腾堡工程，第一批电子书诞生了。古腾堡工程意在建立一个公版书的数字图书馆。40年后，古腾堡工程仍在继续，吸纳了4万余册图书。你可以通过网站Gutenberg.org查阅。我们怀疑你们可能从未访问过这个网站，因为现在的电子书更有优势。19年后的1990年，索尼公司尝试通过电子书阅读器进入市场，可以在只读光盘上阅读。但是它的大部分内容是参考书，比起今天的电子书更像笔记本电脑。这是将未来的模式强行装入过去包装的典型案例。CD是索尼公司20世纪70年代中期的产品。而电子书阅读器更像是一个新兴事物，与笔记本电脑并驾齐驱。但是后者有更大的屏幕，为阅读提供了更大的便利。

又过了8年，第一个真正的手持电子书阅读器才问世——1998年由美国新媒体公司（NuvoMedia）发布的火箭书（Rocket）阅读器，从一定意义上说是独立的便携式设备。之所以说“一定意义上”，是因为火箭书阅读器需要用数据线（USB接口的前身）从电脑上将电子书下载下来。

然而，电子书阅读者仍仅仅是用户雷达监测器上的一丝灰尘。时间快进到2007年，亚马逊第一次引进Kindle电子书阅读器。两年之后，电子书阅读器销量增加到每年约 300 万部。2012 年增加到 2 000 万部。

但是，在销售达到顶峰之后奇怪的事情发生了。电子书阅读器销量开始下降，直到今天仍在持续下降。但是请等一下，电子书不是越来越受欢迎吗？是的，但是电子书不等同于电子书阅读器。这是个典型案例，说明技术的简便性反而将其推送给了更广大的用户群体。它正说明了技术供应商是如何得到正确的技术却做出了错误行为。

我们出错的原因是：最常用来解释技术扩张原因的模型之一是指数曲线模型，即一种增长模式，展示并预测一个给定的技术如何随着时间普及开来，以其使用、功效或容量的某些方面的指数增长为基础。备受热捧的摩尔定律就是一个例子，集成电路上可容纳元器件的数目每隔两年便会增加一倍。

在应用技术指数增长模式时也有一个错误，我们会认为每种单一的技术和设备将会永远按照指数曲线的规律发展。事实从来不是这样，相反，很多技术遵循 S 形曲线规律，或者称之为动力曲线。这些曲线最终都会达到一个平稳期——如图 1–1 所示的 S 形曲线而非 J 形曲线。动力曲线不会一直上升，开始时较慢，然后急速上升，最后逐渐停止，很多情况下会随之下降。

独立的计算机和信息技术发展遵循 S 形（动力）曲线方程趋势。每一条动力曲线都会到达减速点，并最终停止。结果每条曲线都会按照渐增的指数增长率大幅递增。我们将这种渐增效果称为行为曲线。通过预测行为曲线，我们可以一窥未来趋势，尽管继续提升计算机设备的速度、数量和容积的具体技术可能还不存在。

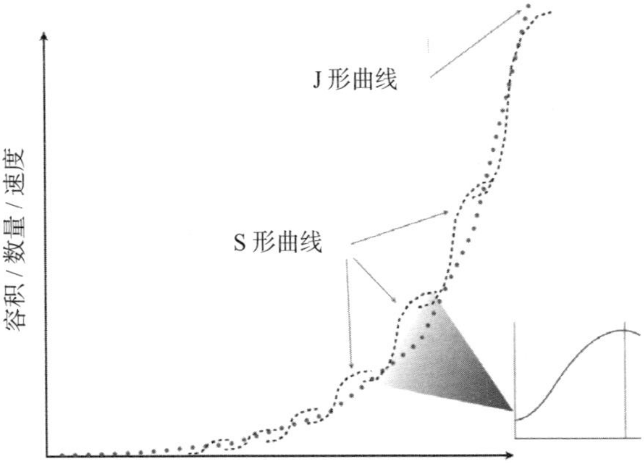

图 1–1　动力（S 形）曲线与 J 形曲线

注：像各个阶段的电子书这样的独立技术可能会遵循自身的 S 形曲线，最终发展减缓直至消失。整体行为曲线代表了其技术使用及影响的渐增指数增长情况。问题是技术供应者和市场一直无视行为曲线，反而只关注某一种技术。

没有一种技术能实现指数式增长，但这并不能阻止多种技术对我们的行为产生的总体影响发生指数式改变。

在音乐市场，黑胶唱片被盒式磁带代替，后者又在 20 世纪 90 年代被 CD 取代，之后全部让位于 21 世纪初出现的数字 MP3，能随身携带的歌曲数量成倍地增长。但是随着载体到达各自的动力曲线终点，我们使用的设备也发生变化。我们在图 1–1 中指出，技术发展的结果是每种技术有一个单独的动力曲线，其渐增效果在技术的整体增长和影响方面遵循指数曲线变化。我们将这种跨越多种技术仍可持续增长的能力称为行为曲线。之后，在第三章中，我们将探讨这种现象在过去 70 年间是如何逐渐展现的，为何我们一直处于行为曲线的肘部或者拐点。

为了充分利用 Z 时代效应，你需要理解行为曲线，才能成功地、及时地从一条技术动力曲线跳到下一条。Kindle FireHDX 是个典型的例子，亚马逊及时从动力曲线上走下来，跳到下一个技术的行为曲线上。HDX 仍可以下载大量书籍，但是不再仅仅是一个电子书阅读器，同时也是一个平板电脑，而且在本书写作之时它是市场上性价比最高的一款平板电脑。

亚马逊跳出前一种电子书阅读器的动力曲线，使 Kindle 电子书阅读器的用户体验紧跟电子书消费潮流，作为整体移动行为的一部分，而不是独立的电子书出售。与其他平板产品相比，亚马逊通过“求救信号”技术支持按钮，在增强用户体验和支持行为期待方面走得更远。用户可以通过与 Kindle 电子书阅读器客户服务直接对话，或者通过在 Kindle 平板上观看支持方的活动影像获得直接技术支持。实时技术支持服务就像全职保姆，使得 Kindle 电子书阅读器的使用像打开电灯一样简单，并且神奇地适用于各个年龄段的人群。最重要的是，它使亚马逊成为确定下一个用户体验动力曲线的领导者。

现在，我们将亚马逊与索尼的发展路线做一个对比。尽管在亚马逊发布 Kindle 阅读器两年前索尼就引进了第一个电子书阅读器，但是时间上的领先并没有带来长期优势。亚马逊从动力曲线中跳出，索尼开始从电子书市场中退出，它关闭了电子书商店，将其所有用户转移到 Kobo 阅读器——另一个电子书和设备领军者。（需要指出的是，尽管在本书写作时索尼并不在电子书市场，但是它仍活跃在平板市场。）

索尼在其他市场还有几次这种典型的不太光彩的退出行为，如电子音乐市场。苹果公司用苹果音乐播放器抢走了索尼在这个领域的领先地位，之后索尼便放弃了这个市场。同样地，索尼产品 Betamax 格式播放器在与松下 VHS 录像带的竞争中败下阵来。这些突然的退出当然比跟着动力曲线降到最低要好得多，但是也不可避免地在客户中引发了消极的情绪，因为他们的投资与品牌的口碑紧密相关。

在网站 goodereader.com 上，索尼的一个忠实客户，用户名是 Jeff P.，他针对索尼关于客户至上的一封公开信评论如下：

> 烦死了！烦死了！烦死了！我从 2007 年 11 月开始成为索尼会员。我只能通过索尼的阅读器和平板产品才能用它的阅读软件。我曾经告诉销售人员说我不需要延长保修，因为我买的是索尼产品。我买的电子产品基本都是索尼产品，但是今后我再也不会买了！的确，你们说客户是第一位的，好吧，我就是第一个来告诉你们的客户：你们犯了非常糟糕的错误，我再也不会买任何索尼产品！[5]

虽然亚马逊和索尼已经转移到下一个动力曲线——平板产品，但是亚马逊以此加固了品牌效应，而索尼却明显受到了失败的打击。

在一种技术的动力曲线上停留太长时间会在世代之间制造裂缝，因为技术与技术之间的距离在不断增大。

有些企业试图在动力曲线下降时抓住尾巴，让人联想起电影《奇爱博士》的最后一幕：金刚少校骑着原子弹飞出 B–52 轰炸机舱门，最后毁灭。与之不同的是，金刚少校是要完成电影拍摄，而这些公司却真的跌入深渊。如果公司可以依次在不同动力曲线上实现无缝衔接的跳转而长期停留在行为曲线上，这就标志着它们已经可以充分利用 Z 时代效应。像亚马逊这样的企业能够发展 Z 世代的市场关系，最终将技术推广给更多的受众。通过不断简化设备和过程，它们使技术转移更加容易，因此整个技术市场，包括各个世代的人群都可以合作并分享自己的体验。

如果你没有成长在技术环境中，也没有什么好担心的

Z 世代将各个世代连在一起的第二种方式是创造一套新的行为，在一定程度上授予那些想在社会上保持积极地位的人某些技术的使用权。换句话说，拒绝使用技术将极大妨碍个人与其他人的互动。这也是短信作为交流工具发展如此迅速的主要原因，每天全美国的信息发送数量——包括即时消息和手机短信——估计可达 220 亿条。[6] 根据皮尤研究中心的数据，18~24 岁的青年平均每天收发短信数量为 109.5 条，是 25~34 岁人群的两倍多，是 65 岁及以上人群的

23 倍。

每个年龄段的信息使用量都在增长，每年的增长率约为 30%，因为如果不用短信联系就会将自己从同事、家庭和朋友中孤立出来。但是这种情况将会改变，改变的方式将使很多人和公司大惊失色（技术加速发展，将在第四章中详述）。就像阿尔文·托夫勒在《未来的冲击》中断言的那样，“没有关注此事的人们免不了都会大吃一惊”。

需要注意的一点是 Z 时代效应不是一种全新的现象，也不仅限于数字计算机出现以来的 68 年间。事实上，在过去技术创新频繁的两个世纪它一直以某种形式出现。

汽车第一次问世的时候，驾驶员需要有一定的驾驶技能和胆量，很多人对此望而生畏。当时汽车的市场占有率是根据工作中的司机数量预测的。现在看来可能十分荒谬，但是在 1920 年，汽车事故死亡的人数是今天的 20 倍。驾驶汽车是有风险的。与现代汽车不同的是，早期汽车是非常复杂的机器，不像现代汽车这样无须太多专业知识即可启动并驾驶。甚至亨利·福特的 T 形车也至少有 7 种操纵杆需要学习，这并不简单。但是为了不落伍，成百万的人却仍然去学习。同样的情况也发生在我们现在习以为常的很多技术上。我们学习并且再学习，因为这是不被淘汰出局的唯一方式。

从你的祖父到你这一辈，技术发展阶段比从柏拉图到古腾堡工程两千年间的技术发展阶段还要多。

现在，青年人对社会有影响力并不稀奇。在 19 世纪也是如此。伊万·屠格涅夫在他的小说《父与子》中描述了代际冲突。那时，年青一代开始从俄国传统的价值观转向西方价值观。又如 20 世纪嬉皮士抗议越南战争，不信任 30 岁以上的人，造就了敏感一代。

在这之后，媒体和互联网将这种行为、态度和观念的改变放大。这是一个巨大变化，也为 Z 时代效应奠定了基础。

21 世纪之前，激进主义者需要吸引哥伦比亚广播公司或《纽约时报》这样的媒体才能将他们的信息散布出去。但在 Z 世代完全不是这样，一条普通的推特信息就可能引发一场公众舆论风暴。从佛罗里达州参议员马可·鲁比奥作为共和党代表对奥巴马总统国情咨文做出回应时喝了一口水，[7] 到一位女士试图在 2014 年索契冬奥会上自拍而无意引发的笑话，都说明了这一点。[8]

那么，是什么力量驱使这种改变发生的呢？过去五年来，我们对 600 多位 18~85 岁受试者展开了调查，与几百家机构进行合作。这些机构正面临着多个世代的人一起共事这一现实问题。可喜的是，它们已经有了一套新的行为和态度模式。在研究过程中，我们发现了 Z 时代效应的 6 个特点——年龄包容性，在线化，低技术门槛，财富影响力减弱，文化跨界，创意思维。这是 95 后行为的基础，也是我们理解未来商业活动的第一步。我们在接下来的六章中将逐一探讨这些有影响力的力量。

Z 世代是一种选择，而非生来就有的权利

我们仍在讨论代际的话题，但这容易忽略 Z 时代效应和本书的

一大思想，即世代不是一种用来划分时代的方式。我们认为Z世代是最后的一个世代，因为Z时代效应的6个特点大大模糊了世代之间的界限，很快，不同世代之间将不可能以任何有效形式划分开来。仍然会有代际的支持者，但是他们共享的不是一个年龄段，而是一套行为和经验。现在最典型的例子是游戏（我们将在第六章中详述）。游戏玩家的体形、年龄和民族各异，几乎横跨各代人。Z世代也是如此，横跨所有文化和种族。

需要注意的是，年轻人的发展阶段以及同龄人共同经历的文化体验不会消失。生命的不同阶段有不同的经验，从需要奶嘴到需要学步车，虽然我们认为平板电脑（现代版奶嘴）和计算机控制的学步车之间的差距比以前小多了。当然，你与高中或大学同学或者第一批同事之间的共同经历仍是独特的。

我们还认为从孩童到成人的成长中烦恼不会因为Z世代而消除。我们的下一代也将经历我们和父辈经历过的激素分泌的变化。孩子们总会令父母抓狂，因为挑战极限和权威是探索并形成个性的必要组成部分。

但是，作为有效共事的工具以及从宏观角度理解世界在21世纪如何运转的方法，研究并回应跨度为20年的代际行为趋势已变得毫无意义。我们认为所有人都有机会甚至有责任选择内涵更丰富的Z世代精神。

底线是：你出生的年代不再指示你的行为和态度。

我们的研究显示，现在出现的一套行为和态度模式横跨各个世代的人群，塑造了 Z 世代。例如，越来越多 Z 世代相信使用互联网是所有人的基本权利，而不是少数人的特权。根据网站 Internet.org 的数据，世界上有 2/3 的人无法使用互联网。尽管互联网在短短几十年间惠及 27 亿人，但是全球范围内的年增长率已减缓至 9%。

在发达国家，互联网广泛应用且价格低廉，其影响主要体现于实际经济运行中。麦肯锡的一项研究发现，过去五年间，互联网在这些国家 GDP 增长中的贡献达到了 15%。这项研究也表明，因为互联网的新功能，每导致一个工作岗位消失，就会创造 2.6 个新的工作岗位。试想一下，如果我们能为世界上其他 50 亿人创造可承担的互联网渠道，这将会极大地促进发展中国家的经济发展。

很多 Z 世代的行为会从这种态度中发展而来，即与世界接轨是经济增长的基础。对于 Z 世代而言，这跨越了包括民族主义、种族和政治派别在内的所有传统界限的困扰。他们的游戏以及求学经历将在全球这个舞台上发生，是自发引导的。全球社区将会呈现出一种新的形式。

我们相信，在近十年内，互联网使用成本会不断下降，无论地理环境、政治立场、经济条件如何，所有人都可以按照自己的兴趣联系世界上任何一个人，而不是仅限于其本地的“部落”环境。一个新的时代即将开始，人们将经历以前从未经历过的全球范围内的破坏、创新和进步。

尽管托马斯·弗里德曼的庞大工作令人钦佩，但是他是错误的。世界不是平的，而是互相联系的。它无限小，因为每个人可以在任何时间联系到任何人；它又无限大，因为由超连接发展而来的可能性是无限的。这正是我们所说的分散型聚集，超本地化的同时又超全球化。

理解这一点是理解并认可Z时代效应的力量的关键。简单来说，我们知道所处位置仍然有意义，但这个位置已经不是地理上的概念了。各人所处位置由自身兴趣决定而非由地理环境或国界决定。就像在一页纸的两点之间加上第三个维度，你折叠这张纸就可以连接两个点，而不用在纸面上画直线。Z世代的人们为了完成手头任务，可以通过超连接找到所需的任何人和事物。可能Z时代效应直到2025年才会完全发挥出它的潜能（每人都能上网的最后期限），但是我们已经理解并准备好与欢迎这套全新行为的人们并肩战斗。

因此，让我们从Z时代效应的6个特点入手，这6个特点已经在塑造整个世界。第一个特点，即年龄的包容性在重造社会的方式上影响最为深远。与其他特点不同，这种特点几乎彻底改变了我们作为个体、企业和政府的观念和行为。由此而导致的根本性的变化近在眼前，即人口分布从金字塔形逐渐变为我们所说的摩天楼形。

付诸行动

准备好进入95后的圈层了吗？

- 你是否经常基于某个人出生的时代而对其做出判断？

- 如果你在年龄上属于 Z 世代，你如何与其他世代的人们相处？
- 如果你选择了 Z 世代，你身边还有什么人对 Z 世代持同样的态度？
- 想一些个人经历的例子，技术如何拉近并将各个世代融合在一起而不是将它们分裂开来，你能想出多少个？
- 你是否注意到新的 Z 世代行为？在拒绝这些行为之前，你是否曾试着接受它们？
- 表 1–1 中“Z 世代之前与之后态度对比”，你如何填写？
- 相对于独立的技术动力曲线而言，贵公司在多大程度上遵循以及如何遵循行为曲线？
- 你的同事涵盖了几代人？
- 为了与诸多世代的人们沟通、共事和娱乐，你做了什么努力？
- 截至 2080 年，将有 15 个世代的人共同工作，为应对这一现象，贵公司应如何改变？
- 你是否正在周围建立一种专业关系，平衡年轻人的旺盛精力和老一辈人的智慧？
- 你是否为过去的常识所限，无法打开对未来的视野？或者你是否在坚持测试这些限制，以更好地应对将来？
- 贵公司如何奖励员工？如何使各个年龄段的员工团结起来？
- 贵公司是否知道员工在工作之外的个人和专业驱动力？

请在 TheGenZEffect.com 网站上回答完整问卷，测试是否准备好迎接 Z 时代效应。

2 第二章 年龄包容性

未来之所以最美好，是因为它总有一天会到来。

——亚伯拉罕·林肯

本章中我们将引入人口金字塔的概念，探索曾经的运作方式和即将出现的新的运作方式，深入研究即将发生的巨大的人口分布变化，为本书的主要部分奠基。我们也将引入财富和影响力金字塔概念，解释如何避免落入我们经常陷入的代际陷阱，探究“代沟”是否还有效，通过打破世代之间的界限，界定缩小代沟的方法。

2080年是十分重要的一年。不是因为技术，那时的技术必定领先我们现在若干光年，而是因为那时史上将首次出现这种情况：从新生儿到65岁老年人，每5年为一个年龄段，每个年龄段的人数占世界人口的百分比大致相同——6%。

这种几乎完美对称的人口分布——我们称之为摩天楼形——是前所未见的，与金字塔形全球人口分布正好相反，后者在有文字记录的人类历史上占据绝对地位。

金字塔结构在我们所有的社会组织中有深刻体现——从教育到经济，再到政治——因此，我们只能局限于这个下意识的概念也就不足为奇了。在过去5 000年间，似乎金字塔结构已成为我们思考世界运作方式的默认框架。甚至很难想象我们如何打破这种根深蒂固的社会模式。但是世界人口的内在变动正在打破这种模式，无论我们有没有准备好。

金字塔形人口分布特征即将改变

无论在过去哪个时代，人口分布都朝着金字塔形发展。除了遭遇重大自然灾害、饥荒、疫病和战争，随着时间的推移，人口金字塔结构都比较稳定，虽然偶尔有突出或收缩，但整体上在向金字塔的形状演变。

决定金字塔形人口分布的是两个简单的因素。第一个是我们在向金字塔顶移动的过程中每个年龄段的死亡率（统计学家有点直率，直接称之为“死亡概率”，通过计算在特定时间段的特定年龄段的人口中，每千人中死亡人口的函数值）。在每个连续的年龄段，部分个体从金字塔的下一层向顶端移动。简单来说，所有人都是从金字塔的底端进入，当年老并到达顶端时便退出金字塔。

但是，这个因素——死亡率——在过去两百年来的各个年龄段中一直稳步下降，因为医疗、卫生情况的进步，有更多人可持续得到干净的饮用水和食物。记住，这种下降是因为婴儿死亡率的下降和疾病控制能力的改善等因素。当然这并不意味着死亡已经消失。整体的死亡率是不变的，一直是百分之百，因为我们到达人口分布的金字塔顶之后终将退出。我们暂时忽略刚刚提到的由于偶然事件比如自然灾害、全球疫病等造成的死亡率的波动。

第二个因素是金字塔底部的绝对增长率（统计学家们把它简单地叫作“净增长”，即在特定时间段内，每千人的出生数减去每千人的死亡数）。随着出生率的增长，金字塔底部的人口数也在增加，因为在大部分的人类历史上，出生的人口数一直大于死亡人口数。所以，人口总数增加，金字塔底部人口的数量和范围都会随着增加。这正是世界人口现状，世界人口数量从1804年的10亿增长到了1950年的35亿，增加了两倍以上，到今天又翻了一番。请想想这个问题。世界人口从数百万增加到10亿用了7 000年，之后150年内增加了2倍，然后只用了60年就又翻了一番。

在过去60年中，我们见证了一场完美的全球人口风暴：婴儿死亡率大幅下降，更多的人享受到医疗卫生、干净的水和食物，预期寿命延长，更多人在世界经济增长中获利。这些情况开始在发达国家生根，在几乎每个世界大国中逐渐反映出来。结果，尽管全球人口仍在增加，但是人口金字塔底端的增长却越来越慢，相对而言，人口正在更多地向金字塔顶端移动。现在，我们来做一个简单的思维实验：请想象一下人口金字塔从现在到2050年的形状将如何变化，你能看到什么？

令人震惊的是，在全球范围内，在未来80年中，我们将看到全球人口金字塔逐渐变成几乎完美的摩天大楼的形状（见图2–1）。

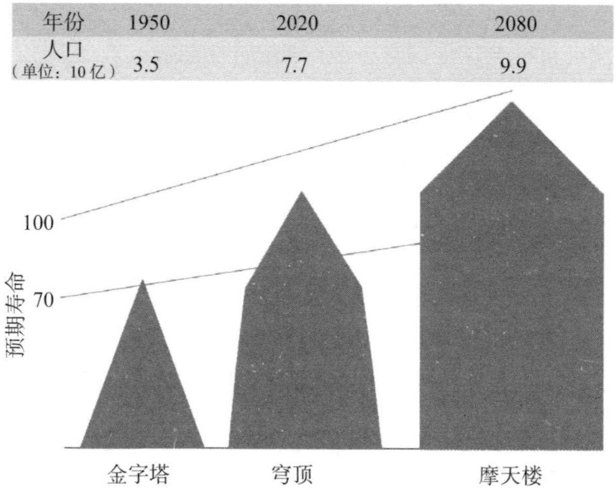

图 2-1 人口分布从金字塔到摩天楼的转变

注：传统的全球人口金字塔自1950年起便形成了，现在已发生了巨大变化，在它的基础上演化出一个穹顶。随着时代的发展，中间部分逐渐变宽，顶端逐渐变尖细。但是穹顶仅仅是对过渡时期人口分布变化的一个比喻，接下来人口分布模式将会固定下来：世界上有100亿人口，均受到良好教育并与世界完全连接。我们如何度过这一变化历程将可能决定新千年的社会。（每个形状——金字塔、穹顶和摩天楼的相对大小代表人口的相对增长。）

如果开始考虑这种现象的长期意义，我们就要开始担忧了。例如，位于金字塔上部1/3的人已明确了建立社会福利的概念，当这部分人数的相对增长率高于其他部分人数，那么他们将如何存活下来呢？许多社会福利系统一直建立在一种有缺陷，但之前从未出现纰漏的假设之上，那就是尽管顶部1/3的老年和退休人员不断增加，但人数必定较少，位于中部的人数也在不断增加，将一直负担上一层的福利。在我们政府的代际体系中，这种缺陷导致的最简单的经济后果被全球人口重新分布引起的其他社会问题掩盖了。

建造摩天楼

如此前所说，到2080年，世界人口将高达100亿，从0岁开始每5岁为一个年龄段，一直到64岁为止，每个年龄段的人数其实都可以计算出来，即每个年龄段占总人口的6%，约6亿人。在美国，这种现象将在2020年出现，那时各年龄段之间的人口比重差别会在1%之内，介于5.5%~6.5%。

对比图2–2展示的2080年全球人口年龄分布形状和图2–3展示的1950年全球人口年龄分布形状，后者为婴儿潮后约第五年，年龄分布为标准的金字塔形，世界上14%的人口在金字塔底部，65岁左右的人占2%，几乎一半的人口低于20岁。

这种转变并非某个孤立的现象。这种人口分布趋势在几乎每个发达经济体中均有发生，甚至像非洲大陆和南亚次大陆的欠发达和不发达经济体在未来50年内也会出现这种分布趋势。不可否认，其影响将是长期的。到2100年，全球人口年龄分布将更像摩天楼形，而不是底端较宽的金字塔形。

摩天楼底端的年龄段增长缓慢，而随着寿命和工作年限的延长，摩天楼上端的年龄段不断增加，我们以前用来划分世代边界的诸多特性将开始发生显著变化。

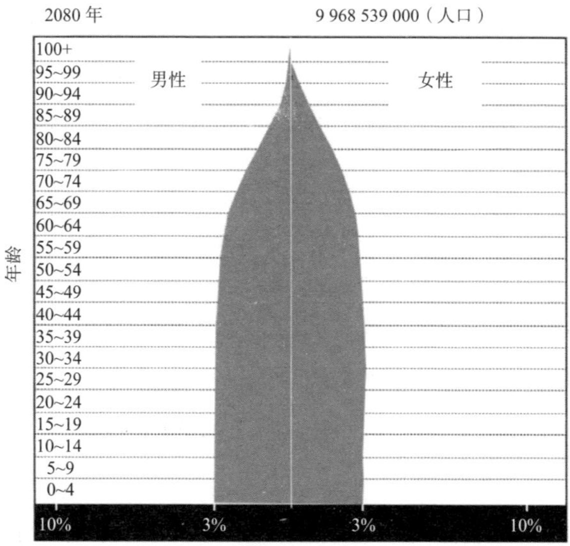

图 2–2　人口分布摩天楼形——2080 年全球人口年龄分布

注：人口分布的摩天楼形显示出从 0~4 岁到 60~64 岁的每个年龄段中人口分布基本相同。

我们讨论人口金字塔的基础时，有必要做出分类。如果对影响力展开有意义的讨论，那么重要的一点是要明确我们如何界定金字塔的组成部分——底座、中间部分和顶端。我们将逐一讨论金字塔的这三个部分。本书写作时全球人数的 1/3 约为 23.3 亿。

最重要的是这不仅仅是关于财富的问题。Oxfam（乐施会）的报告称，世界上 85 个最富有的人拥有的财富等于世界上 35 亿穷人的财富总和，许多穷人连最基本的生存需求都满足不了，比如卫生环境、干净的水和医疗服务。从财富的分配和集中程度来说，金字塔下半段的财富总量相当于顶端财富的百万分之一的 1%(0.0000012142857%)。

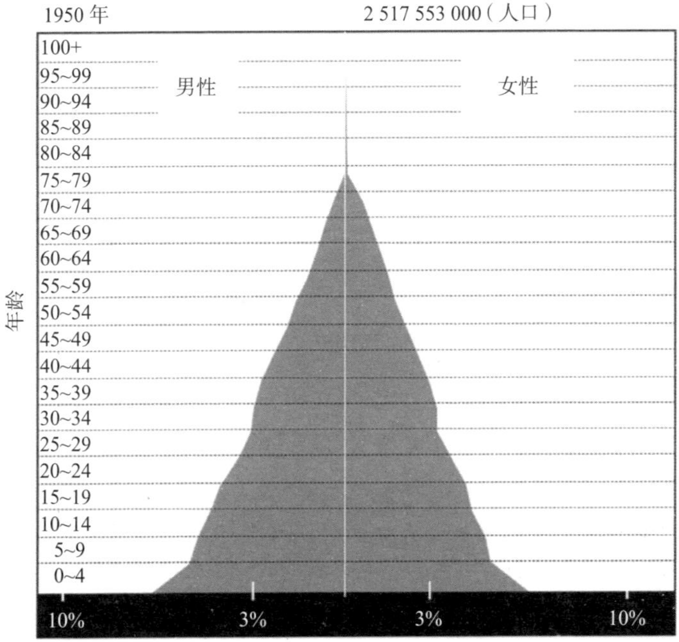

图 2–3　人口分布金字塔形——1950 年全球人口年龄分布

注：金字塔形代表了经典人口分布趋势，从出生到 80 岁以相对标准的速度逐渐减少。

图 2–4 进一步说明了这一观点。如果全球人口的规模相当于吉萨金字塔，那么世界上 85 个最富有的人基本相当于儿童的玩具沙桶大小，大约在金字塔中占 1 立方英尺（约 0.028 立方米）。而他们的财富可达 4 400 万立方英尺，相当于占地一英亩的 100 层楼的容量。

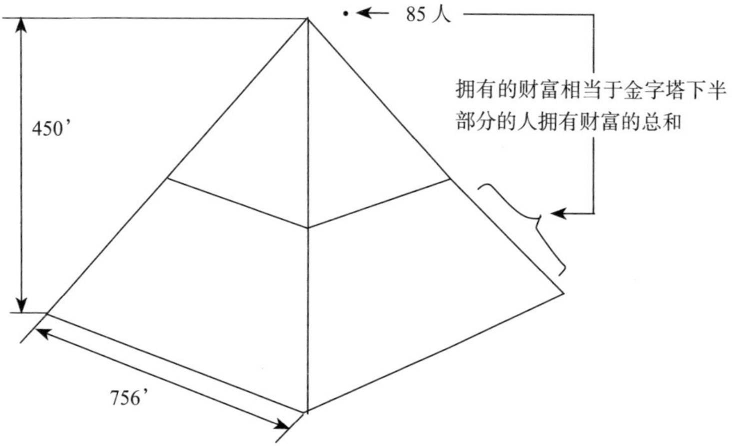

图 2–4　人口与财富

注：将世界人口看作吉萨金字塔：右上角的黑点代表 85 个人——与整个金字塔相比还不到一个玩具沙桶的大小，但是他们拥有的财富相当于世界上贫穷的 35 亿人拥有财富的总和。这些穷人组成了金字塔的底座，体积约为 4 400 万立方英尺。

在财富分布不均衡的背景下，在讨论中我们经常忽视金字塔底座的 35 亿人拥有的全部实际财富，把这些财富集合起来是他们仅有的一点影响力。

我们之所以讨论人口，是因为 Z 世代的人施加影响力的方式迥异于前人。Z 世代的人是强大的，他们以互联网的形式形成内嵌式媒体，可将信息发布给几十亿人。他们知道如何引起混乱。换句话说，如果他们没有得到想要的东西，他们知道如何扰乱局面。你可以将这种能力看作他们拥有的特定技能，把他们看作被宠坏的一代人。叫它什么都可以，现实就是当影响力在一群人中散布开来而非集中起来时，几乎所有现有的社会、商业和政府机构的实力平衡状态都将被打破。

不仅现代意义上的数字鸿沟，而且参与世界经济和无法参与世界经济的人们之间存在的经济鸿沟都增强了这种破坏力。**上一次全球财富分布水平接近于现在的分布水平是在法国大革命之前，这次革命中大约 4 万法国最富有的人被斩首（是真的被砍掉脑袋）**。

我们又处于一个世界经济变化不定、危机四伏的交叉路口。那么，这与 Z 时代效应有什么关系呢？我们预测会有很大关系。Z 世代的不同之处在于，与历史上的其他节点相比，今天发起变革的能力不只由权威和地位决定，更多地由影响力决定。广泛的影响力形成了完全不同的社会动力，不仅使社会更加透明，而且也给了一部分人发出声音的机会，否则他们会因为缺乏构建社会进程的影响力而变得沉默并越来越愤怒（详见第五章）。

避免代沟

Z 时代效应的核心是反思年龄对我们行为和态度的影响，这样我们可以避免掉入僵化的代际分类陷阱中——这些虚构的概念会削弱人们的行动力，造成代际隔阂，而非关注年龄差异带来的多样性和包容性的好处。

历史上，在接受研究生教育的学生群体中，年龄差距相当小。他们从本科院校毕业后直接继续深造，或者工作几年之后重新回到校园。所以，大部分学生在 25~30 岁，小部分在 20~25 岁，极少有超过 30 岁的。他们中大多数有相同的经历和社会背景，因此谈话、案例和兴趣十分相似。但在过去十年中的某个时刻，这一切发生了变化，而且是巨大变化，很多人在工作岗位上待了很长一段时间之后才开始研究生学业。教授第一次不再是教室里年纪最大的人。今天的研究生各个年龄段都有。许多五六十岁的人在第一幕（传统教育）和第二幕（传统职业）之后又开始了人生的第三幕。第三幕可不仅仅是我们给过了特定年龄之后想要或需要继续学习的少数人随便取的吸引眼球的新词。根据我们的研究，29% 的人甚至不想退休，22~32 岁的人群中这个比例高至 37%。不要将这种现象错认为是经济发展的必然产物，一个因素是 21 世纪初的经济衰退使许多工作者感受到压力，还有一个因素也在发挥作用，我们之前也谈到过：所有人的工作时间都可以延长，因为工作地点和年龄不再阻碍我们的工作能力。

其实，我们颠覆了“退休”这个概念的本质，并强烈感觉到这个词语已经是过时的概念。从 1950 年开始，一个明显的趋势已经出现，可以看出预期寿命和预期工作年限之间的差距越来越小。两者都有增长，但是预期工作年限比预期寿命的增长速度稍微快一些。[1]虽然这并不意味着在未来，我们死后还能工作（至少本书中没有这样的观点），但是它表明了以上提到的这种潜在趋势已经动摇了我们的代际观念，比如退休。

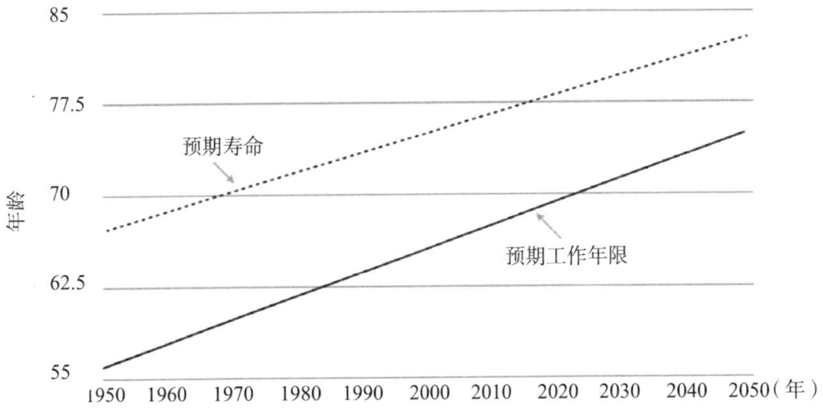

图 2–5 预期寿命和预期工作年限增长

注：预期寿命和预期工作年限都有所增长，但是工作年限的增长率稍快一些。不断接近的两条线表明：长期来看，预期寿命和工作年限将在 100 年内重合。

如果你说“等一下，我想退休！正盼着呢！”，那么不要忘记这一点：对于 Z 世代来说，退休不是年代顺序上的分水岭，并不意味着工作生涯结束，开始进入闲暇时光。Z 世代不希望也不必从工作中脱离，工作会在经济和个人感觉上带来充实感。相反，他们仅仅是进入一个生命的新阶段，工作和娱乐的平衡或者目的可以互换。这是为什么我们选用“第三幕”这个词语来描述这段生命状态。在这段时期，工作的场所和规则可能变化，这样可使自己平衡好工作的地位，将其整合为生命中有意义的一部分。

代沟和其他迷思

当我们尝试着抛开纯粹的代际概念进行思考时，我们很容易陷入一个误区：代沟是不会改变的。在对世代之间不断缩小的距离进行讨论时，最常见的误解之一就是代沟必定存在，它是不同世代之间产生不可协调的矛盾与紧张局面的根源。毕竟，代沟的出现正是青年人反抗权威，在一群志趣相投的同龄人中间找寻个体身份的自然产物。

我们认为这种现象很有趣，甚至“代沟”这个词已在文化上被接受了，我们并没有对其来源和意义做严格审查。这个说法可能起源于 20 世纪 60 年代，婴儿潮一代到了一定年龄，开始公开激烈地反对当时的社会制度，“代沟”用于形容在这个混乱的时代中出现的不同年代人群之间的紧张局面。与此同时，电视开始在引领社会和政治观点方面发挥重要作用。结果导致两代人之间的价值观差距更加明显，一个是在相对低调的环境中成长，另一个则乐于在大众面前表达自己。

文化人类学家玛格丽特·米德使得这个词流行起来。但是米德自己也怀疑它的用法是否正确。在《玛格丽特·米德传》中，玛丽·包曼–克如姆描述了该词的来历和米德对其用法的保留意见：

> 米德可能没有创造“代沟”这个词，但是她用其指代二战前后出生的人们之间的历史差异，从而使其流行开来。后来她

认为这个词并不合适，而“世代差距”一词更能说明正在经历快速变化的文化中出现的矛盾，但是那时简单易记的“代沟”一词已经在大众认知中根深蒂固了。[2]

因此，在接受或者拒绝“代沟”一词之前，让我们思考一下，它为何会存在，它已经达成了什么目的。正如之前所说，我们不想忽视青春期在社会发展中发挥的重大作用，比如青春期的化学反应、激素分泌，以及对大脑的重塑。

青年人最珍贵的是他们的活力和观念，其重要性超越了态度和经验。我们不想试图改变这一点，事实上，我们也无法改变。年轻人更容易接受或者说并不在意实验和冒险的风险以及不确定性，这种思维既有缺点也蕴藏着机会。

但是，我们认为年轻人和老年人的思维差异不是“代沟”这个社会概念产生的主要原因。如果存在鸿沟，那么这意味着年青一代能够创造一个特别的社区，在其中他们自己的想法能获得支持和鼓励。或许标签是嬉皮士、Z 世代或千禧一代，只要你是那个时代的一部分，那么你现在就与一个充斥着各种思想、观点、价值观和信念的社区结合在一起。这类似于加入一个政党，一旦加入就要接受它的施政纲领。

不过你也可能会看到其中存在的缺陷。不是所有的保守人士都认为持有武器是正当权利，也不是所有的自由人士都认为应当废除这项权利。社区是方便的，但是当涵盖范围过大时，它作为区别身份的一种方式是有缺陷的。

那么，什么可以替代它呢？首先，我们要知道，我们在不久的将来将与五个世代的人一同生活和工作，随着时间的推移，我们讨论过的微时代现象将使时代的界限完全模糊。我们访谈过的领袖意识到了这一趋势，他们特别注意以一种移情和高度个性化的方式与员工和市场交流。其次，我们要努力发挥员工百分之百的能力、吸引客户百分之百的注意力，这是个崇高的目标，但是已经有公司将其作为自己的使命。

凯悦酒店的品牌故事：倾听世代之外的声音

凯悦酒店集团成立于1957年，截至2013年12月在全球拥有549家分店，包括柏悦酒店、君悦酒店、凯悦居所和凯悦旅馆等著名品牌。鲍勃·韦伯是该公司的人力资源总监，他与我们谈到凯悦处理代际相关问题时的高度个性化方式，以及公司认为既是机会又是挑战的事件：

> 传统来讲，公司一般考虑的是人，比如凯悦的9万名员工，因为我们希望这一群同类人以完全相同的方式做事，无论年龄大小。我们有为员工设计的整套管理方法，不管他们是不是同一类人都用一样的方法。尽管我们看到这些方法可能并不像我们认为的那样有用，但还是一直在使用。

> 举个例子，很幸运的是，凯悦集团的员工在职时间很长，有很高的忠诚度，工作团队能力出众。我们为新人的到来庆祝，为周年纪念庆祝，但是有很大一部分员工可能认为这不是什么大事。我们想留住优秀的员工，但是我们也充分理解并重视员工工作态度的改变和个体差异而不是世代差异。

韦伯发现在传统的代际观念中有很多包袱需要卸下，大部分是带有代际标签的行为和态度的预设的概念，其中大多是我们深信不疑的普遍的固定模式。

> 许多人犯了同样的错误，那就是像讨论性别一样讨论世代。我不知道你会怎样，但是我坚信无论男人还是女人都不可能完全一样。同样，千禧一代也是如此。我们一直对他们说："我们希望你们这样做；你们不应该在一个地方工作超过两年；你们应该享有自己的权利。"这些老套的观点会伤害别人的情感，因为尽管一个世代有总体特征，人的成长会受到环境的影响，但是他们仍旧是独立的个体，做法并不一样。

简单地将问题归结于我们把世代视为一维的固有模式是不够的，我们还需要弄清楚如何帮助人们突破这些先入为主的观念。

凯悦公司转而采用移情访谈的方式，这是从"设计思维"（design thinking）中借鉴而来的一种技巧——这套方法重点聚焦在一种人类学的路径上，通过观察在真实情境中的人类来领悟如何设计出更好的产品、体验和环境。这与传统的设计方法相反，传统方法往往就是在工程师已经设计好的产品上打一个漂亮的蝴蝶结。

设计思维起源于艾迪欧公司（IDEO）和 Continuum 国际咨询服务公司，来自世界各地的组织机构逐渐将其应用于外部产品设计。凯悦在这一领域的进展始于与斯坦福大学设计学院的合作。该学院于 2005 年成立，是专注于创新的商业学院。传统商业学院以量化、数字为主，注重发展右脑，而这个学院的目标是成为这种学院的左脑版。韦伯说：

> 我们做过最有趣的一件事情是与设计学院合作。我们对他们的设计思维方式印象很深，并借鉴到“凯悦思维”之中，我们从中学到了移情访谈的实践和教授方法，这在与成长背景和成长年代不同的客户或与其他人相处时非常重要。移情倾听和访谈不需要根据某人的年龄猜测他 / 她想要什么或喜欢什么，只需要简单的提问和观察。这种方法极其少见，可以使你有机会超越自身经历和偏见，更多地了解你的客户和员工。
>
> “凯悦思维”对于我们而言是一种与客户交流和彼此沟通的新方式——真正与其他人发生移情，设身处地地从对方的角度考虑问题，理解他们的做法。我认为这是一种珍贵的工具，特别是在与不同年龄段的人共事的时候。因为这种方法教会我们深入其中并提出开放式问题，而不是“诱导证人”（假如你愿意

的话）。这令我大开眼界。

在凯悦，我们一直非常关注客户体验。通过更直接地倾听客户需求，我们有很多机会可以找到我们和整个产业在哪一点上没有为客户提供最好的体验，我们要如何做才能按照客户的需求提供服务，而无须考虑预先确定的世代边界。

我们对于千禧一代和婴儿潮一代的担忧逐渐退去。那不是我想要的生活方式——被时代的条条框框所限——也不是凯悦想要的。

如果你真的关心一个人，那么你会找到对他而言最重要的事。我想不管哪个世代都是如此，因为我不能说会有某个世代的人不希望被关心。

韦伯热衷于解决代际摩擦，绝不让它妨碍凯悦的工作目标，即吸引各年龄段客户百分之百的注意力和调动各年龄段员工百分之百的能力。他和凯悦团队在与员工的相处中非常关注他们的需求，管理方式因人而异，而不是简单地采取“一刀切”政策。韦伯与我们分享了诸多关于移情重要性的故事，其中一个故事体现了这种态度。

《财富》杂志最近将凯悦列为百佳雇主之一。

我当时正在翻阅这期《财富》杂志，偶然看到我们的一则广告，我十分肯定广告上的人是芝加哥柏悦酒店的行李员安东尼奥。我很钦佩他，也想庆祝他登上杂志。

我找出我们做的一张这版广告的大幅海报，打电话给柏悦酒店，确认安东尼奥正在工作，于是我拿着海报和杂志开车过去。我停好车后，安东尼奥向我走来问候，我说：“嘿，看看这个。”然后打开海报给他看。

他难以置信地看着说：“你在跟我开玩笑吗？”这时一对客人夫妻走出酒店，看到我拿的海报，又看向安东尼奥，来回看了两次之后说：“这是你吗？恭喜啊。”然后两人与他握手。他有些尴尬。

我说：“这张海报送给你父亲，这份杂志送给你，但是我还有一份在办公室，希望请你亲笔签名。”

三天后，我想：“我确实应该回去请安东尼奥在杂志上签名。”

我认为这不是件大事，安东尼奥可能已经忘了这件事，但是我想让他知道我在关心这件事。当我到达柏悦酒店时，安东尼奥跟我说的第一句话是：“你带来了吗？”我关上车门说：“在这里呢。”

我以为他要从口袋中拿笔出来签字，但是他却掏出一张整齐叠起来的纸给我，说：“我一直在练习想要说的话。”我难以置信地看着这张纸，内容几乎全被反复删掉重写过。我当时思绪万千。第一个想法就是谢天谢地我回来了一趟，因为当时索要签名可能只是随口说的一句寒暄话。第二个想法是：“这就是我们为什么这样严肃地对待凯悦思维。我们都应该感受到这样的瞬间。”说实话，我不知道我们两个哪个更为之感动。

这看上去是很小的一件事，就是关心一起工作的同事，试着站在他们的角度思考问题，但是这就是凯悦思维的真谛。你不是年代、年龄或者类别的代名词，你是一个人；我们都想作为人被其他人所理解，而不是一个标签。你知道吗？这件事是我今年做的让我最高兴的一件事。

这类事情我已经做了几十次。根据从中学到的经验，我建议抛弃自身偏见，不要用老观念看人，因为这对任何人都没有好处。

凯悦用来理解员工的重要方法似乎也对客户起作用。从 2008 年经济衰退到 2014 年第二季度（即本书写作之时），凯悦的市值翻了一番，还被评为 2014 年度盖洛普杰出工作场所奖，并连续三年蝉联了这个奖项。这清楚地表明，掌握移情访谈能力并将之应用在客户和员工身上为公司带来了丰厚的回报。

缩小差异

可能不同年龄段的群体之间总存在某种差异，因为他们的经历各不相同，这种差异的大小直接影响我们区别不同社区的准确性。如果以年龄划分社区，那么世代之间的差异将非常大。如果基于对人们的兴趣和行为的深刻理解来划分，那么差异将会大大缩小。

虽然以非常具体的兴趣和行为为基础划分社区这种想法可以理解为在世代之间创造了微代沟，但是我们更倾向于将其看作一种创新的社区划分方式。它使得整个社区更加团结，更加有意义，更不容易用年龄这一标准定义自己。

这一社区（而非世代）的焦点，正是我们讨论Z世代的超本地观念发展趋势时所指出的，由此我们不再由以年龄划分的代沟来定义，而是由把我们拉入某个社区的关系来定义。越来越密切的联系同样把我们与特定的工作方式联系在一起。

这种超本地化方式最好的一个案例就是远程办公。有些公司认为工作只能在办公室完成，因此对于这些公司来说，远程办公这个概念与它们的理念相矛盾。超本地化使我们无须考虑地点就能与社区联系在一起。对许多人来说，超本地化的必然结果就是工作不再局限于某个工作地点。虽然远程办公是一个技术问题，是技术帮助我们实现了超本地化，但这其实也是人们行为上的变化，如企业对员工的期待，员工对企业的期待，员工与管理层如何成功地共同重新协商工作条款。办公地点的本质——无论是传统的办公室还是远程办公环境——也是代际界限发挥重要作用的场所，即代际观念规定了一系列的态度和行为从而构建了有利的工作和合作的环境。

远程办公已经实行了几十年，但直到现在它才成为多数雇员的一种现实选择，这归功于现代互联网和4G网络的普及、进入千家万户的光纤网络和20亿智能手机和平板电脑的广泛应用。

如果你可以在任何时间工作，那么公司为何一定认为只有在办公地点才能开展工作呢？我们采取何种工作方式——一般的办公室方式或者灵活的远程办公方式——是受时代思维和社会规范的影响的。

一些企业禁止远程办公，包括许多看上去不会这样做的企业，例如雅虎。首席执行官玛丽莎·梅耶尔在2013年初颁布禁令，禁止全职员工在家办公。这个通知就像美国独立战争的第一枪一样，让雅虎员工、硅谷，特别是最近毕业的大学生感到困惑：到底梅耶尔为何做出这样一个看似非常保守的决定。雅虎自称创新者，却做出了一个适用于15~20年前的决定，作为一个位于硅谷的高科技网络公司，这更令人不解。有些人说这是远程办公的丧钟，但是我们认为，雅虎为了达到自己的宏伟目标可能已经从远程办公的趋势中转型。这个举动对于改变整体的发展轨迹并没有什么作用，远程办公的趋势并未减缓。事实上，一份未来实验室的报告甚至已经提到："在不久的将来，'办公室'这个词语将会被淘汰，我们一直认为十分单调的行政工作将不复存在，一种新的工作模式即将兴起。这种工作场所的新愿景将便于社会采取灵活的工作模式，朝九晚五的工作方式不再是惯例，而且将越来越少见。"[3]

但是，尽管远程办公已经成为许多知识工作者的标准工作模式，但是还未成为一种工作规范。思杰（Citrix）系统有限公司全球社会媒体部部长贾斯汀·拉维在与我们的访谈中提到他称之为"工作轮换"的挑战与机遇，谈到了思杰如何管理8 000多名员工，谈到了他对其他公司试着寻找合适的方式在机构内部实现远程办公的看法。

远程办公并非没有困难，我与远程办公的不同公司老板和员工聊天，其中既有个体企业家，也有在思杰或其他大型企业工作的员工。我发现这个话题没有被充分讨论，人们对远程办公并不是很清楚。如果你大部分的职业生涯在办公室中度过，那么你一定会非常珍惜不在办公室的时间。戴着耳机在星巴克喝咖啡或者坐在家里沙发上，偶尔有这样的机会感觉不错，是全职远程办公的中间状态或者简单地改变日常工作的节奏。对于许多管理者而言，相信并放手让员工自行决定工作场所和工作方式仍是新的挑战，甚至对于员工也是如此，因为他们各自对“工作”的定义也不相同。

就像我们在第五章中指出的，财富影响力的下降，可能有某种“交学费”的心态在起作用。如果经理和高管必须全程在办公室办公，那么为什么年轻或年老的职员不能？改变这种预期观念是我们所说的进入 Z 世代的关键，即是否进入 Z 世代不是由出生时间决定而是由选择的态度决定的。例如，如果你是一个大型公司的领导者，是否必须采取与以往的大型公司相同的运作方式？拉维解释道：

思杰公司虽然是一家大型公司，但是以一种小型公司的心态运作。这是什么意思呢？我们关注的是结果和交付——这是最关键之处。也就是你集中精力完成工作，同时也要兼顾家庭和身心健康，这样才能很好地平衡工作和生活。

正如拉维所言（我们在很多其他机构中也看到了）："许多公司也在探讨工作和生活的平衡，但是其实这意味着工作更多、生活更少。你有手机和电脑，这样晚上就能加班了。"

对于Z世代而言，工作、娱乐和生活之间的界限比较模糊——工作必须在某个时间、某个特定地点才能开展，这种观念就像必须找到投币公用电话才能打电话一样过时。必须到办公室才能工作是不正常的，就像男人上班必须打领带或者女人上班必须穿连裤袜一样。这些社会惯例会随着时间的推移逐渐消失。值得思考的是：理所当然的"正常"工作方式应该是什么样的。

还有一种普遍的误解，就是只有创业初期或小型的公司才能管理远程工作者。我们在过去几年中与IBM的许多员工进行访谈，调查这个拥有近50万员工的公司远程办公的能力。从20世纪70年代到90年代，业界开玩笑地把IBM称为"我又要搬家了"的代表，因为员工经常改变工作地点。他们平均每十年要搬2~3次家，这对员工及其家庭的影响非常大。

新员工更乐于接受出差旅行而非改变工作地点。为了应对新员工不断施加的压力，IBM在1995年改变了立场，在弗吉尼亚州诺福克开始试行远程办公，员工可以在家或在客户处"实战"。公司十分看重这次试行，专门雇用了行为心理学家来提供文化影响方面的咨询，因为它知道这将是公司运作方式的一次巨大变革。首次试行效果很好，之后，IBM在其美国所有的销售处全面实施了这一计划。1996年，它开始计划在国外的办事处实施远程办公。

IBM 预计这种转变意味着员工在任何地方都可以开展工作，进而带来高达 50% 的生产力增长；实施这一计划后，每 4 个员工一张办公桌减少到每 12 个员工一张办公桌，节省了 7 亿美元的房屋租赁费。到 2012 年，IBM 共 40 万员工，39% 实行远程办公。多代影响也被大众认可。美国总务管理局（GSA）的调查报告引用了 IBM 的试行结果，报告中称："移动生活的好处对留住并支持老员工和年轻员工都有益。"[4]

最终，公司运作方式的最大挑战落脚在公司的领导层如何评价工作上。高管们重视工作时间还是工作成果？因为许多人认为这种工作方式只是一时热度或者仅仅方便了员工，对远程办公模式的支持尚未形成。文化转向改变了传统办公室工作的衡量标准，让人重新关注工作的意义。贾斯汀·拉维通过其他例子向我们说明了这一点。

> 结果导向的文化决定了我们公司的结构，或者是从百思买集团文化演变而来的一种文化——"结果导向的工作环境"（ROWE）。虽然我们没有完全采用百思买的"结果导向的工作环境"方法，但是我们确实是注重结果的。这意味着什么呢？如果这个季度我为自己或团队设立了 4~5 个发展目标，那么重点是我能否完成这些目标，当然也包括该季度中出现的其他所有需要处理的事件，我已经完成这些目标了吗？至于员工是每周工作 100 多个小时还是外出旅行了 80 天，不应该成为我们评价员工的标准。

当人们讨论在办公室工作的好处、争论面对面工作与远程办公哪个更好时，我们可以听到，他们的出发点体现了代际分歧的不同侧面，他们的观点根植于自己已经习惯了的工作环境。现在几乎工作的方方面面都实现了数字化和网络化，那么“我应该在哪里工作”这个问题就不会被科技所限。超连接消除了工作环境的实体障碍，那些曾经用来管理员工的宽泛且经常滞后的标准也随之消除。接下来我们将在下一章讨论超连接的问题，这些障碍已被消除，个体对公司业绩的影响很明显，而且他们能够清晰地衡量其对公司做出的贡献，由此问题变为：“我如何能最好地工作？”

付诸行动

向 Z 时代领袖学习

- 鲍勃·韦伯，凯悦酒店集团人力资源总监
- 斯坦福大学商学院
- 贾斯汀·拉维，思杰公司全球社会媒体部部长

准备好进入 95 后的圈层了吗？

- 在发展过程中，贵公司在多大程度上受到人口金字塔的比喻和假说的影响？

- 你的职业生涯和职业发展轨迹在多大程度上受经典人口金字塔理论的影响?
- 人口金字塔将变为人口摩天楼，贵公司做了哪些准备?
- 你是否认识到我们在本章中列出的种种代沟并试着避免这些代沟?
- 你是否计划进入人生的第三幕?
- 无论以何种方式退休，你是否希望自己在退休之后还可以继续尽己所能，并正在为此做准备?
- 在培训销售人员和客户服务人员时，你是否采取了移情倾听的方法（像凯悦一样）?
- 贵公司是否理解作为个体的员工希望以不同方式被认可的愿望，而不是采取“一刀切”的管理方式?
- 你是否注意到了公司的“安东尼奥们”并为他们庆祝?
- 你在调动员工积极性方面的目标是什么? 你的目标是调动百分之百的积极性，还是目标略低一些? 如何让这些目标转化成公司的底线和最高目标?
- 你（或者贵公司）是否采取远程办公模式?
- 你（或者贵公司）是否关注结果导向的工作环境?

请在 TheGenZEffect.com 网站上回答完整问卷，测试是否准备好迎接 Z 时代效应。

3 第三章　在线化：从“我”到“我们”

人们能够看到整个世界。各种各样的人和事物都
被收录到摄像机中，并跨越数千英里，
展现在另一端的屏幕上。
——小约翰·沃特金斯（John Elfreth Watkins JR.），
《未来一百年会发生什么》，1900 年

在本章中我们将探讨人们之间不断建立起来的超连接、设备的大量使用以及“设备”组成部分的多变性。我们也将谈到Z世代中同时生活在虚拟和现实两个世界的挑战，通过可穿戴的设备，比如谷歌眼镜，更深入地了解Z世代。我们将探索逆向导师制在管理Z世代公司内部不断变化的行为方式上所起到的作用，深入研究思科公司是如何运用逆向导师制的。最后，我们将讨论将超连接的社会网络视觉化的重要性，以及这些网络通过提高生产力为公司创造的无形价值。在本书最后的附录中，我们为致力于在公司中实行逆向导师方法的人士提供指导。

无论你是否喜欢，我们生活在一个极度超连接化和信息饱和的世界中。我们被越来越多的信息和刺激轰炸，被严重的全球性注意力缺失症折磨。

◎ 现在人们使用的蜂窝移动设备比世界总人口还多。

◎ 我们中有一半的人早上起床前先检查邮箱。

◎ 我们中 60% 的人睡觉时把移动设备放在床上或床边（其中 50 岁以下的占 79%）。

◎ 对于 70% 的网络用户而言，通过社交媒体和电子邮箱进行的网络联系平均每 9 个月翻一番。

◎ 我们每天平均花 5 个半小时上网；22~32 岁的人中，40% 每天上网时间超过 13 个小时，这是相当大的比例。

◎ 27 亿人在互联网上安家。

◎ 我们可以与其他 500 亿个联网设备联系，从监控摄像头到可穿戴设备，再到智能汽车。

◎ 我们每天创造 2.5 万兆字节即 10 亿的平方的数据。

看上去很震撼，但是让我们仔细看一下，我们已经对过载的信息麻木了，对于以上，你可能都没有印象。

在这种背景下，我们很容易把周围年轻人眼中的潮流（比如睡觉也离不开智能手机等）看作是稀奇古怪的行为，认为这些都没有价值。我们的研究指出，这些行为在不同年龄段表现出来的差异并不大。事实上，我们的调查对象包括各个年龄层，当涉及如何使用新技术时，他们中的大多数人都接纳了新的行为模式。过去的情况是这样的，当客户问我们需要多长时间才能使一种全新的技术流行起来，我们会巧妙回答："我们得等到整整一个世代消失，这样他们就不会阻碍变革之路了。"我们已经接受这个观点：只有新一代人才能带来真正的颠覆性的变革。

先辈留下来的文化遗产如珠穆朗玛峰一般高，伟大的思想必须站在巅峰之上。历史上最具颠覆性的技术，比如无线电或电话，[1] 大概用了 50 年的时间在全球被广泛使用，因为在 50 年中老一代人基本上退出了历史舞台，也带走了他们陈旧的思想。

20 世纪 90 年代和 21 世纪初，技术在全球市场的传播速度更加快捷，每一种新的颠覆性连接方式被全球用户接受的时间越来越短。例如，无线电、电话、电视、电报和手机被广泛接受和使用的时间分别为 38 年、25 年、15 年、7 年和 5 年。[2] 但是，如果你在这个趋势线上加上第三个维度——每种技术的使用人数占世界人口的百分比——作为其渗透程度，你会看到一个令人失望甚至有点沮丧的现实：在这些技术中，只有手机在问世 50 年内普及到了世界的大部分人口。

在这个背景下，我们很容易将阻碍大规模变革的责任归咎于旧世代的人拒绝接受伴随新技术而生的行为方式。这种情况再也不会发生。在本书写作之时，世界上已经有超过 30% 的人口使用互联网，这是同时段内影响范围最大的事件，甚至全球性的传染病都相形见绌！根据图 3–1 的趋势，很容易看到超连接在接下来的几十年中影响力会越来越大。

汤姆在他的一本书《云冲浪》（*Cloud Surfing*）中举过一个例子，过去两百年来全球繁荣和社会政治变革背后最大的推动力来自人与人之间、人与物之间以及物与物之间越来越密切的联系，特别是机器与机器之间的联系，我们称之为“物联网”。该书预测，2020 年连接到互联网的设备将达到 700 亿台。但是这一预测数据没有包括传

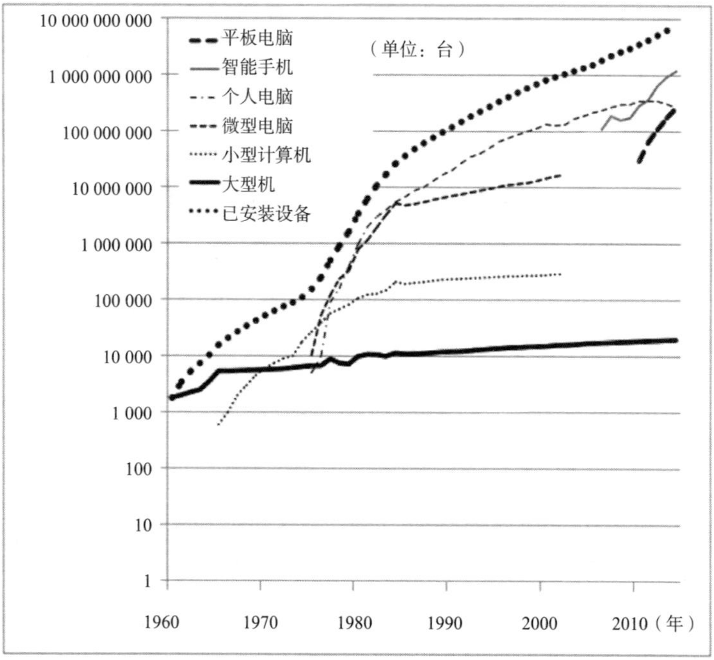

图 3–1　计算设备增长图（对数标度）

注："已安装设备"这条线代表所有计算设备，包括大型机、小型计算机、微型计算机、个人电脑、智能手机和平板电脑，表示每十年的设备数量如何以一个数量级的幅度递增，随着时间的变化有些技术设备可能会逐渐减少（比如大型机、个人电脑）或完全消失（比如小型计算机和微型电脑）。

感器，我们预测到2020年将有另外3万亿台智能传感器投入使用。截至目前，各种联系的增长仍旧是独立的、局限于某一地区的，并且是隔离的。如果这些相互独立的联系突然之间和谐地联合在一起，将会发生什么事呢？越来越多的设备和传感器直接与互联网相连，这样把所有设备和传感器联系在一起的便利度就会大大提高。我们从来没有想到有些设备会在一起工作，但现在突然发现这是可以实现的。你的智能手机、汽车、穿戴式健康检测仪和许多其他设备可以共享关于你和你的行为的数据。没有人设计过将这些设备连接在一起工作，但这并不意味着这样做没有潜在的巨大价值。

用于连接的设备数量决定了这些设备之间可以建立的潜在连接。每增加一个新设备，新增的连接数量可能相当于已有设备的总数。换句话说，如果我们有 10 亿台设备，此时增加一台新设备，我们就创造了 10 亿个潜在连接（新设备和每个已有设备之间）。[3] 这清晰地表明，通过计算得出的潜在可能性比实际连接的数量多得多（比如我的牙刷没必要连接到汽车轮胎的压力传感器上）。重点是我们还不知道这些潜在的连接中有多少是实用的、有价值的。

考虑到这些，请设想一下，我们是否将讨论重点从可能的连接总数转移到设备总数上？设备才是在超连接爆炸的背景下真正的决定性变量。这一点很重要，因为设备与假定的连接不同，前者需要个体予以确认。假如你买了一部手机或一台电脑，那么你一定会使用，哪怕只是用来玩《愤怒的小鸟》。

如果我们把大型机出现至今的用户电脑设备数量描绘出来，会看到让人吃惊的现象。（为保持前后一致，我们用“用户电脑设备”一词代表一台电脑能支持的用户数量。一台大型机或小型计算机能够支持上千个潜在用户。但是一台个人电脑或一部智能手机只能支持一个用户。）从 1960 年开始，用户电脑设备总量每十年就会增加一个数量级。

如果我们假设能够支持 X 个用户的一台电脑，如大型机或小型计算机，相当于 X 台设备，而一台个人电脑、笔记本电脑、平板电脑或智能手机按照一台设备计算，那么计算设备数量在 1960 年为 100 万台，1970 年是 1 000 万台，1980 年是 1 亿台，1990 年是 10 亿台，2000 年是 100 亿台，2010 年将达到 1 000 亿台。另外，图 3–1 中的趋势图没有包括我们提到的上万亿台传感器或者 250 亿台微处理器，后者基本上是2014年生产使用的芯片，应用于汽车、药品等上千种场合。

图 3–1 中位于上方的线看上去已经非常陡峭了，如果继续按这个轨迹发展，那么到 2100 年我们将看到一个几乎无法理解的数字：1 000 000 000 000 000 000 000（10 的 21 次方）台设备。

我们可以对这个数字做一个对比观察，世界上所有沙滩上的沙子加起来估计共有（7.5×10）^{18}，这个数量还不到我们预计的 2100 年设备数量的 1%。

这似乎没有道理。让我们再想一想设备这个词的意义。例如，现在你每天都要使用的设备有多少台？大部分人会吃惊地发现，他们已经拥有了几百台专用设备，或者在其他物品中嵌入了设备。以表 3–1 为例，你可能平均每天使用超过 200 台设备，但对大部分设备没有特别留意，比如它们可能存在于家电、汽车、监控摄像头、自动取款机、行车传感器（收集车流量和车速数据的设备）和个人穿戴式健康检测仪之中。我们在表 3–1 中展示的估计数据非常保守。例如，假如你最近买了一辆新车，那么仅这一辆车就可能有 200 个独立传感器。就算是二手车也是如此。2001 年，一辆新的宝马车有 60 多个传感器。

在表 3–1 中，从尚未实现连接的传感器发展到可实时彼此交谈的传感器看上去只需要一小步。所有这些看上去是大势所趋。但是想象一下，如果回到 20 世纪 60 年代，告诉那时的人在 60 年之后全世界将有 100 亿台计算机设备，他们会认为你很荒唐——再加上之前移动设备的使用并不多，他们更可能认为这是天方夜谭。

表 3–1　连接设备类别和平均每日使用量

设备	设备示例	日均使用量[4]
汽车	车载计算机和检测设备，全球定位系统，安全装置，追踪装置	150
家庭 / 住宅	家电，电视，暖通空调，照明系统，安保系统	20
穿戴式传感器	健身，活动，头戴式设备（如谷歌眼镜）	2
交通 / 运输	车行道，通行费，安全设施，公共交通	20
摄像头 / 监控	商务建筑，公共场所，政府	20
计算机	个人电脑，笔记本电脑	3
移动设备	平板电脑，智能手机	2
工业传感器，控制器	电梯，非居民住宅建筑，多层停车库，机场设施，商务场所安保系统或扫描仪	10
零售	销售点终端，人脸识别系统，交通流量监控，眼球追踪技术	5

（续表）

设备	设备示例	日均使用量
银行 / 金融 / 保险	自动取款机，销售点终端，智能卡，保险追踪	2
医疗	移植，血糖检测器，血压检测器，心脏除颤器	3
宠物	植入追踪器，全球定位系统	1
交流	网络设备，卫星 / 碟形天线，网络电话	5
总计		243

尽管我们现在已经了解计算机、微型控制器和传感器，但是我们还没有感受到超连接带来的所有影响，除了因为这些设备中的大部分还未连接到互联网，还有一个因素是已连接设备的突增程度尚在发展初期。如果你在图 3–1 中绘制上所有这些设备的发展曲线，那么图中本来极陡的曲线会立刻变得平缓。这些设备在所有超连接设备中仅占不重要的一小部分。

如果你认为之前的技术突然被湮没，使得我们描述的未来不太可能实现，那么我们需要注意到一些可能还不明朗的事实。之前我们讨论过如何使自己一直处于计算设备的每个加速增长点的拐点上。在第二章中，我们还谈到多个动力曲线的效果，它们创造了一条持续指数增长的整体行为曲线。

但是在图 3–1 中这种变化并不明显，因为我们使用了对数标度，这种方法巧妙地以数量级为单位增长——这样 1 000 000 000 的增长幅度垂直看上去与 10 或 100 的增长幅度相同——所以我们不用线性标度，因为无法用直观的、有意义的方式画出增长线，每个十年间的曲线将都是J形。J形的行为曲线将继续加速。我们还没有弄清楚的是确切的方法，但是我们在表3–1中列出的技术明显会促进下一个十年的增长。

我们对于设备的定义可能与传统的计算机的概念不太一致，但是这些设备收集、处理、储存并向各种其他设备发送数据，使无生命的物体具有一定智力水平，这在今天看来是很陌生的。将这种超连接起来的世界描绘出来也是一种挑战，因为我们没有可以讨论这样的世界的共同经历和行为模式。我们只能试图按照现在的情况设想未来，这往往削弱了我们的想象力。

会说多种语言的人有类似的经历：如果某个词语在母语中不存在，那么解释这个词会很复杂。我们试着描述未来时的感觉就像词汇量不够用一样。因为我们还不知道未来的语言，不得不用现在的语言描述还未经历过的事情。

这导致人们质疑我们对未来的畅想，因为它听上去奇怪、陌生、难以企及。20世纪70年代，发明家巴克敏斯特·富勒曾试着描绘未来的教育。

> 将来，人们不仅可能会对双向电视说“我不喜欢这个”，而且就算不会数学也能利用光束拨号，只要说“我想要几号台”就可以了。利用这种电视与个人家庭的双向连接，可以同时发送多种不同程序。事实上，只要有双向激活接受设置和程序都

> 可以发送信号。未来将可能形成大型的中央记录文件储存设施，这个设施相当于一个巨大的图书馆。孩子们可以通过本地电视机的语音传输系统得到他们需要的某个程序信息。

富勒虽然用了像“电视机”“光束拨号”“激活”这些听上去陈旧的词汇，但是他的整段话却极有预见性。他只能用他所在时代的词汇来尽力构造未来的形象。

本章不会预测超连接对我们的生活和商务活动产生的各种变化，我们会集中讨论我们期望看到的 Z 世代行为模式中最重大和最直接的转变；还会讨论逆向导师制，据我们所知，这是能够帮助企业在现在的代际界限之间建立联系的最有力方法。

你的大脑没有变，只是处理方式变了

在全世界 27 亿互联网用户中，18 亿人活跃在社交网络上。但是令人震惊的是，世界上有超过 70 亿移动设备用户，比世界全部人口还要多。因此，人与移动设备之间明显不是一对一的关系。

我们的研究发现，平均每人拥有 2.5 个可通话的移动设备。通过简单的数学运算，70 亿部手机除以 2.5，即 28 亿智能手机用户，竟然与图 3–2 中互联网的使用人数极为接近。（这个数字不仅包括手机或智能手机，也包括平板电脑和可拨打移动电话的穿戴式设备）。人们之间联系的移动性无疑成为 Z 世代行为模式的主旋律。

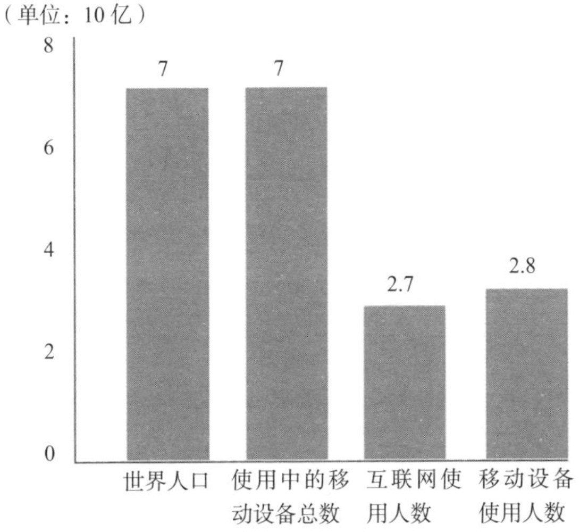

图 3–2　世界人口、使用中的移动设备总数、互联网使用人数和移动设备使用人数的对比

最近，丹乘坐美国铁路公司的火车从纽约到波士顿。他坐下后刚刚拿出笔记本电脑、平板电脑和智能手机，从下一站便上来一位年轻女士，坐在他桌子对面。她拿出笔记本电脑、平板电脑、随身音乐播放器和三部智能手机。在路过的人们看来，这个场景很像一个百思买售货亭。我们不仅保持连接的状态，更是与大量设备同时连接。这种杂乱无章的连接与互相协作的行为格格不入。因此，这些连接使我们不得不精心编织一系列越来越复杂的关系。

这种混乱脱节的连接不仅仅出现在美国人的日常行为中。移动设备在美国的渗透率为 101%，在西欧为 129%，南美为 126%，中欧和东欧为151%，俄罗斯则已高达180%，这意味着每人有近2部手机。

根据我们的研究，现在人们平均每天花费大约5个半小时的时间使用联网设备。如果仅看22~32岁的年龄段，那么这个数字就是7个半小时。但是在这个人群中，高达40%的人每天的上网时间超过13个小时。

科技作家克莱夫·汤普森在2007年《连线》杂志中提出“外置大脑”（outboard brain）的概念，而我们越来越依赖这个大脑。我们的外置大脑是一种简单的思考方式，思考我们对移动性和云服务的依赖程度，这样它会成为我们永久可用的资源；同时这也是Z世代的人的一个重要的行为模式。例如，我们中的大多数人会遇到目前无人能回答的问题，这个时候很容易区分某个人是否属于Z世代，Z世代的人会立刻拿出智能手机用谷歌、必应（Bing，微软公司搜索引擎）或雅虎等搜索引擎找寻答案。其实，许多出生在Z世代的孩子有令人烦恼的习惯，那就是在谈话中不断地验证父母说的话是否符合事实。这就像一直在与IBM计算机系统沃森玩《危险边缘》游戏。有一位受访者与我们分享了他与15岁的儿子一同去商店买东西的故事，体现了这种越来越典型的行为：

> 我的儿子问能不能买一些肉做墨西哥牛排玉米饼。于是我过去拿了一小包煎牛肉。难以置信的是我的儿子看着我说：“这不是牛排，这是牛肉！我们去的墨西哥餐馆有墨西哥牛排玉米

饼，我就想要那个。”我跟他解释说牛排就是牛肉，餐馆想让菜名听上去高端一点所以才用“牛排”这个词。

我儿子立刻拿出他的智能手机，开始按键盘，肯定是在确认我关于“屠宰”方面的知识是否正确。之后他没有再讨论这个话题，因此我猜维基百科与我的说法一致。

同样的场景几乎在各种社会背景的人群中开始显现。可能还不太明显，但是Z世代对外置大脑的依赖从根本上改变了我们建立信任关系的权力结构和隐含假设。

在我们自身的经历中，这种寻求权威解释的趋势数年前在大学课室里就开始出现了，那时学生开始拥有联网设备。当时，许多教授会在教室中断网，并声明上课时禁止浏览网页、收发信息或邮件。如果无法全面彻底地执行禁令，那么这种禁令就会显得相当愚蠢。这些教授担心上网可能会分散学生的注意力，但是他们忽视了网络给课堂带来的真正的好处——透明度，这奠定了信任的基础。

汤姆在课堂上做了一个试验，他尝试了Z世代的做法，让学生做主导。他的策略是，学生可以尽情使用联网设备，但他有一个警告，他会定期给出一个明显不正确的说法或数据，希望上网的学生能立刻指出这个错误并要求更正。

这种方法取得的效果超出了他的预想。学生不仅非常乐意迎接“纠正教授”这个挑战，而且他们也在与讲座相关的信息搜集中发现了各种趣闻逸事和一些重要的讨论。

在Z世代，连接创造性地使各种关系变得透明，这样信任就需要通过争取获得，而不是由个人或机构授予。

我们认为，将超连接带来的行为看作干扰而不是增强参与度和信任感的潜在方式是错误的。与Z世代超连接的潮流对抗就像迎着海啸前行——只有傻子才这样做。如果你想在海啸中生存，那么必须顺势而行。无论看上去有多恐怖，你只能做这样的选择。

连接线上和线下世界

Z世代的人们越来越适应超连接世界的移动性，他们也更像在两个世界中生活：一个是三次元的线下世界，事物是可见、可听、可摸、可闻和可尝的；另一个是台式电脑、笔记本电脑、平板电脑和智能手机的线上世界。我们中的大多数人在这两个世界中不断往返，拼命想将它们整合为一体。事实上，我们正在超连接中摸索前进，因为当超连接来临时，我们还没有时间达成关于行为模式的协议。

对于孩子来说是一样的。我们与一位同事讨论超连接的话题，他告诉我们他女儿在高一与第一个男朋友相处的事情。他说这是典型的青少年恋爱，只是有一个很奇怪的行为：他16岁的女儿与男朋友同居啦，不过是以Skype网络电话的聊天方式。每次他去女儿房间就看到她男朋友的笑脸出现在笔记本电脑屏幕上，电脑放在她床上。他说："他们甚至不会交谈。就是坐在各自的笔记本前，在同一个虚拟空间里。”很奇怪吗？可能一开始是的，但是这就是一种行为。即便是最异常的行为，如果经常重复出现，时间长了看上去也完全正常。

你可能第一反应是反感这种交往方式，因为这远没有以前经历的约会有吸引力。交往毕竟需要当面接触。如果以网络电话的方式，当面接触必定会减少。但是几乎每一代新科技都会引发这样的争论。甚至写作还曾被世界上最伟大的哲学家苏格拉底和柏拉图看作一种历史的倒退，不利于沟通交流。

极为讽刺的是，我们对苏格拉底及其作品的了解全部来自他的学生柏拉图的文章记录。在柏拉图的一本书中记录了苏格拉底讲述的两个神之间的隐喻式对话。[5]在对话中，一个神就赋予人类写作的本领回答了另一个神的问题。

> 这种技艺（写作）将使人们更容易遗忘，因为它不会帮助人们记忆……你创造的灵丹妙药不会帮助他们记忆，而会帮助他们回忆。你传授给信徒的不是真正的智慧，而只是智慧的近似物；你的信徒们会听闻各种知识，却得不到指导，因此他们似乎无所不知，却又几乎一无所知；他们看似博闻强记，但是其实只知皮毛。

这些话是2500年前说的，但是听上去有些耳熟。因为我们在反对其他许多科技时用了同样的说法，比如电力、汽车、电视、电子计算器、拼写检查和谷歌搜索。

我们喜欢把自己的时代称为最先进的时代，主要是因为我们珍惜千辛万苦才学到的东西。最聪明的人往往容易成为最执着于过去的人，毕竟他们曾经将过去的方法使用到了极致，成为最优秀的人。当我们掉入这些巨大的时代陷阱中时，我们会错失能想象到的各种机会；如果我们只用现在的行为思考未来，那么很容易限制自己对未来的想象——我们在过去两百年间学到的就是，未来无界限。

改变不是线性的，而是指数式的，极具破坏力的，对过去没有任何留恋。如果对超连接不断发展的潜力还怀有一丝希望，那么我们首先要从中立的角度审视 Z 世代，即不附加任何历史上的行为标准，这些标准形成时世界还远未像今天这样高度连接在一起。

美国著名电视节目主持人比尔·莫耶斯曾采访过麻省理工学院教授雪莉·特克尔，她著有《群体性孤单》（*Alone Together*）一书，该书似乎对技术将我们带离现实世界持批判态度。她在访谈中说："作为发展心理学家，我关心的是在这个新世界成长的孩子，他们现在一刻都无法忍受无所事事的状态。"特克尔告诉莫耶斯："每个人的注意力都在两个世界中——现实世界与'另类'世界。"

在莫耶斯网站上的这则访谈的留言中，有人精辟而又尖锐地回应道：

> 我们是群居动物。我欢迎任何可以使我们与其他人更有效率地维持联系的技术。技术将逐渐融入个人之中。我曾经对

> 《星际迷航：下一代》中的博格人感到恐惧，但是我们的后代却十分喜欢。技术和沟通将成为我们生存中的一部分，对此我十分欢迎。似乎这是我们人类的未来。[6]

我喜欢特克尔的书，它读起来像散文，令人欣喜，其中有一些内容与我产生了深刻的共鸣，特别是她观察到年轻人日益失去独处的能力，我甚至一想到这点就会惊慌。

如果可能，我们希望至少为了她优雅的论述授予她普利策奖。但是我们也认识到，她的论述也是扎根于过去，与苏格拉底对写作的轻视属于同一知识脉络。随着时代的进步，可能有些东西会丢失，但不是所有东西都会丢失，而且我们会收获很多。被遗弃的儿童或由于太害羞而把自己封闭起来的孩子长大后也能以某种方式参加社交活动，从而使他们的生活变得丰富多彩。

曾经有一位同事与我们分享了一个故事。我们的同事乔的侄子巴里患有抽动秽语综合征，这是一种潜在的神经虚弱疾病，会引发无法控制的颤抖、抽动、痉挛，偶尔导致胡言乱语——通常是污言秽语。现在抽动秽语综合征的病因尚不清楚，但是与患者沟通过的人起码会认为这些病征是毁灭性的，甚至是反社会的。抽动秽语综合征的行为与口吃或神经抽搐不同，是不能被修复的，至少不能在其意识清醒的状态下修复。这些行为导致的社会污点会使患者将自己从社会环境中隔离出来；虽然他们也有可能进行正常的教育、工作和社交活动，但十分困难。

但是，乔告诉我们巴里是狂热的游戏爱好者，在社交网络上十分活跃，在网上交流或合作完全没有问题。我们说："当然可以解释，因为需要通过键盘才能进行交流，这样他的病征就不会很明显，同龄人就会没有任何偏见地与巴里沟通。"

但是乔说："不是的。他不是通过键盘进行交流，而是用游戏玩家的耳机，在用口语沟通时没有任何病征表现。他的大脑好像找到了一种使那些错乱的神经元安守本位的方式，因为他在这个时候有能力做到。我无法解释这个现象，但这是令人惊异的转变。不幸的是，现在巴里还在上学，我担心将来他工作之后无法适应传统的与人面对面交流的工作方式。"

这就是Z时代效应的魅力：只要巴里愿意，他可以选择无须与人面对面沟通的工作。巴里没有问题，有问题的是我们对工作和"默认"的工作方式的定义——因为工作"一直都是"这样的方式。我们认为坐在办公室面对面交流的工作与通过网络进行的远程办公完全不同，我们认为网络不能代替人与人之间的交流。但是这两种工作模式并不是互相竞争的关系，就像写作与口语一样。

我们将两种行为敌对起来时，其实创造了一种零和情景，未来总是与过去一较高下，最终未来必然与过去趋于一致。就像永远看不到尽头的高速公路上的入口，我们总是在新行为出现时将它们与旧行为整合。最后，有些旧行为退出了时代舞台，有些因为落后，随着时代加速发展慢慢被遗忘。但是大部分旧行为重新找回了活力，成为前进道路上的一部分。

我们现在的世界界限分明，很容易区分工作和娱乐、职业和私人空间。代际界限就像高速公路上的车道一样清晰，我们能够安居其中并蓬勃发展。

但是对于Z世代，当然包括今天的孩子们的下一代，特克尔形容的这两个世界之间将没有界限。他们的线上和线下世界不会冲突。这两个世界绝不会只能二选一，而将整合在一起，使人们工作、学习和生活的潜能和机会大大增加。

我们已经踏上线上和线下融合的道路，不仅通过使用智能手机之类的传统移动设备，也通过使用像谷歌眼镜这样的科技产品。这些穿戴式设备使两个世界之间的界限更加模糊，甚至开始消除这些界限。我们可能认为这有些夸张，但这是因为过去的经验限制了我们的想象，使我们无法发挥想象力一窥未来。

1876年，急需资金的亚历山大·贝尔打算将电话专利权（见图3–3）以10万美元的价格卖给西联公司，但西联公司拒绝购买贝尔的专利，这次交易的相关负责人在考虑是否接受时写下了以下意见：

> 我们不认为这种设备能跨越数公里的距离明确传达信息。哈伯德和贝尔想在每座城市中都安装他们的电话机。这个想法看起来十分愚蠢。再说，人们明明可以派人去电报局发一条清晰的书面信息到美国任何一个大城市，为什么会有人想使用这种样子笨拙、不切实际的装置？

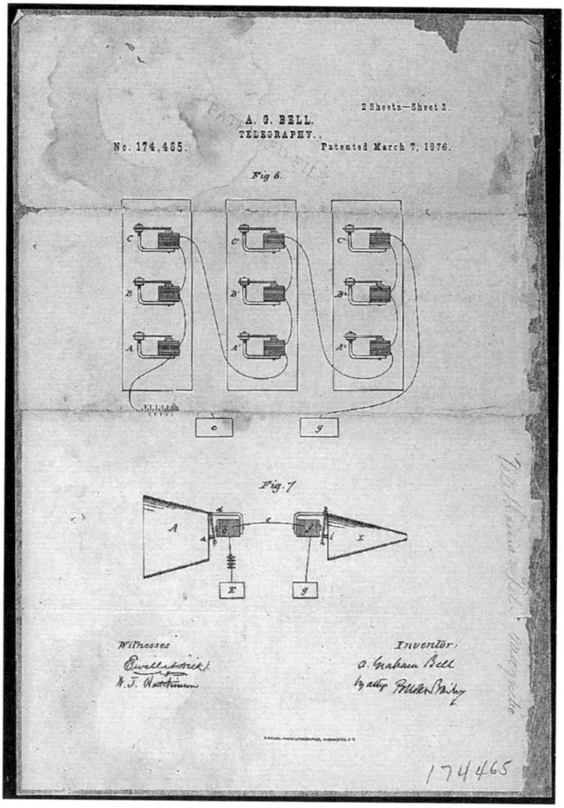

图 3–3

注：亚历山大·贝尔的电话机专利虽然是 19 世纪最赚钱、争夺最激烈的专利，但曾被西联公司断然拒绝。[7]

是不是很可笑？但是西联公司的问题正是我们所有人都有的问题。未来的事物到来时不可能是完美形态，它往往隐藏在笨拙的包装之下，不会与我们已经习惯的行为完美契合。

这是一种熟悉的行为模式。

世界上第一台小型晶体管收音机无法装进标准衬衣口袋。索尼公司的创始人之一盛田昭夫不得不为销售人员量身定做有两倍宽口袋的衬衣。许多人认为有一台私人收音机很傻，毕竟人们已有收听公共广播的经验。自从小型晶体管收音机问世以来，已经售出超过60亿台。

摩托罗拉第一部便携式手机被人们称作“砖头”，虽然它比砖头要轻一些，但也不好携带，更无法放进口袋里。这种手机被引进时，最大胆的权威专家也只预测到2000年可能有1 000万到1亿部投入使用，而我们前文已提到现在有70多亿部手机。预测数据与现实数据之间的差距绝不是一般性的误差。

第一台笔记本电脑奥斯本1于1981年问世（见图3–4），比当时的便携式缝纫机还大还重，重量达到了25磅（约11.34公斤）。除了不方便携带，大家还有一个疑问：“为什么要带着一台计算机到处走呢？”

在这些案例中，与其说未来的技术模块还没有在当前的设备中准备好，不如说是我们还没有机会形成与技术相适应的行为模式。但是当人们开始使用一种新技术时，他们会试着将其直接替代以前的技术。通过亲身体验，人们必然会发现这种技术意外地实现了许多目的，充分体现了其最大价值。例如，无线电传输的初始目的是为了方便人与人之间的交流，而不是面向大众广播，但正是无线电掀起了大众媒体传播的革命时代。

图 3–4　奥斯本 1 笔记本电脑[8]

资料来源：由比尔比提供，来自维基百科。

我们正需要发展最后这一点：迎接新行为模式，以实现一种新技术的价值。这对于认识如何实现根本性颠覆和理解 Z 时代效应将带来的影响具有非常重要的作用。

当第一次接触“新”技术时，人类本能地用它们替代旧技术，因为我们没有其他参考系。第一部随身听出现时，在公共场合戴着小型耳机行走看上去很傻很怪异。为了提高随身听的社会接受度，索尼公司在机器中装了一个麦克风，可以将声音通过随身听接入耳机，使用者只要按一个按钮就能听到正在谈话的人的声音。这听上去很荒唐。

但是今天，人们坐在晚餐桌前却盯着智能手机而不是一起吃饭的人，这也是可以接受的现象了。很荒唐吗？确实是的，但只是与以前对比而言。最终来讲，行为标准一般都是暂时的，是由当时的社会规范和习俗决定的。如果我们轻视这些新行为，那么我们会掉到代际思维的固定模式中，结果只能加深人们之间的隔阂。

可穿戴计算设备的机会

我们提到的这些设备——晶体管收音机、手机、笔记本电脑——有一个共同点：它们都曾被认为是稀奇古怪的东西，只是因为与当时的行为模式不符。最近出现的一种颠覆性技术谷歌眼镜也面临这一问题，它是谷歌公司2013年推出的一款穿戴式智能设备，形似一副眼镜。

我们与一些使用谷歌眼镜的受访者交流，谷歌称这些人为“探索者”，他们是谷歌2013年选出来的第一批购买并使用谷歌眼镜的人。在与他们的交流中一个现象逐渐浮现在我脑海中：使用谷歌眼镜的人开始发生奇怪的变化。换句话说，这种与世界互动的新方式没有任何参照物，他们有些迷失方向。乔治·阿基里斯是谷歌眼镜第一批探索者之一，他说：“我本来想在线上和线下世界之间画一条实线，但是做不到。我意识到我已经将线上和线下的界限看作永久存在的了，于是我便开始以一种完全不同的方式思考这次体验。谷歌眼镜很快让我感觉有一种奇怪的亲切感，就像我从来不知道自己缺失了第六感，而现在突然重新获得一样。”

可能你会想："我想将我的世界划分清楚，把线上和线下生活区别开。我需要逃离，不想被绑在网络上，全天 24 小时上网不健康。"

我们认为，当技术与已固定的行为模式产生冲突时，对此感到焦虑才是不健康的。随着这些技术体现出来的超乎预料的新价值逐渐被发现，这些最初的冲突最终都会消解。例如，我们在研究中发现，使用智能手机的人中有 65% 睡觉时将手机放在床上或床边。顺便提一下，这个数字比自称在一起睡觉的夫妻数量稍低一点（见图 3–5）。[9]

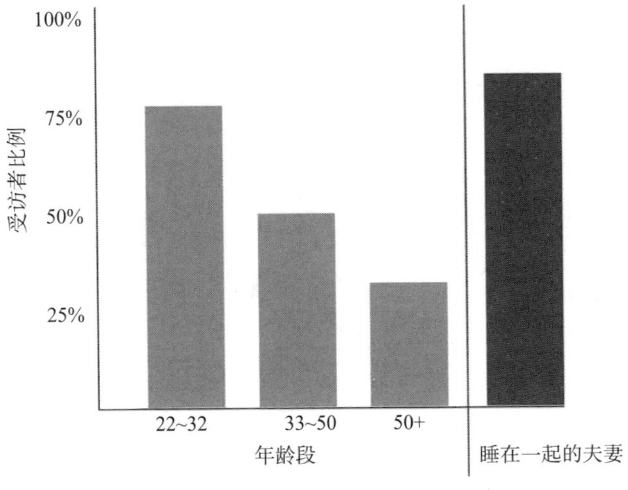

图 3–5　睡觉时将手机放在床边的人数百分比

可有些人对最后这个数据感到不可思议。严格说来，谁会与自己的智能手机睡觉呢？但是请等一下，你是否在床头柜上还有一部固定电话？如果半夜电话铃响，你是否会接？这个行为曾经在 20 世纪上半叶也被认为是不正常的，那时大部分家庭只有一条电话线，所有家庭成员只有这一条线，而且有时这条线还是与邻居合用的。

我们可以就连接的好处展开进一步讨论，但是这不能改变我们正在被它所吸引的事实，而且社会作为一个整体，互连数量和频率总是不断增加的。

像谷歌眼镜这样的新技术引发的某种改变颠覆了我们已认定的行为模式，很难对新体验的价值做出评价，这种巨大的颠覆力和难度使得人们自然倾向于固守以前的行为。代际界限正是在此时此刻出现。为平衡这种代际惯性思维，我们只看到并体验了一种可持续的方式：逆向导师制。

逆向导师制：向年轻人学习

我们最后在德尔福集团工作。这个公司后来成长为世界 500 强企业，在美国、加拿大、英国以及南美和亚洲均有办事处。1994 年，德尔福集团还在起步阶段。它正在找寻新雇员接手计算机系统事务，包括 6 台苹果公司的麦金塔电脑和自主设计的四线电话线，使用苹果公司通信协议和电邮系统专利。那时浏览器还没有问世，电子邮件大部分在企业内部使用，企业之间很少使用，互联网对于大多数企业来说还很神秘。

参加岗位面试的对象大部分是程序员，主要来自一些大型企业。

这些面试者知道如何操作大型机或小型机，会用面向商业的通用语言和公式翻译程式语言编码，这些编码语言几乎已经被遗忘。

我们给他们看了体形较小、样子奇怪的麦金塔电脑及其系统，他们就像看外星人一样看着我们。我们正准备放弃找到适合的人选时，有一个20多岁的年轻人通过我们登在《波士顿环球报》上的广告找到这里。他有一头过肩金发，毕业于伯克利音乐学院，键盘演奏非常棒，没有一条看上去适合这个岗位。但是他知道麦金塔系统，似乎对前沿科技十分热衷，包括当时非常新颖的互联网。

过去十年间，这个年轻人不仅建立了德尔福集团跨国业务的信息支持系统，而且也成为公司首席执行官的逆向导师。如果公司中有人想看看新科技如何改变行为，也都会去问他。例如2001年，他注意到一种新兴企业开始崛起，它们致力于促进人们之间的社会联系。他与其中最早的一家公司领英建立了紧密工作关系。在他的带动下，德尔福集团组织了一次以社交媒体为主题的活动，是当时最早举办这类活动的一家企业。这就是逆向导师制的作用。当时，我们从没想过我们正在创造一种对德尔福和我们的客户如此重要的教导模式，也没想到它会成为被我们叫作Z时代效应的一部分。但是，我们不是个案。

差不多在同一时间，通用电气的杰克·韦尔奇正在落实一项类似的工作模式，帮助他和他的高管们熟悉正在飞速变化的互联网技术。其他公司也会很快做同样的工作，比如哈特福德金融服务公司和思科公司。

但是，根据我们为本书做的调研，600家公司中只有不到15%正在执行逆向导师制，虽然有51%已经建立了跨代的团队。更加有趣的一点是，在已经实行逆向导师制的公司中，94%已经有了传统教导计划，而全部公司中只有56%有这样的项目。很明显，逆向导师制可能确实不常见，但是了解教导活动好处的公司更倾向于实施逆向导师制度。我们在德尔福公司实行这种计划也有一段有趣的曲折过程，因为公司的传统教导项目面向所有新员工，这是公司创立的原则之一。

我们研究的机构中，正在执行逆向导师制的公司对远程办公、工资透明化等方面的态度都比较积极，企业机构设置比较灵活，比如合弄制（无主管管理制），将决策权分散给各个小组，而不是从上到下按照等级下达命令。

那么到底什么是逆向导师制？它是如何运作的？

让我们先看教导的简单基础。回想一下我们的研究，几乎一半的机构不习惯用传统教导模式，或者认为这种模式没有充分利用资源。导师作为一个值得信任的咨询师可以指导徒弟，分享生活经验，从他们那里得到的智慧能够完美融入我们传统的人口金字塔中。但是，这也能部分解释教导为何没有在全世界普及，因为传统人口金字塔中，能够做导师的人总是比徒弟要少。

虽然56%的机构可能正在实行教导计划，但是个人很少能在自己的职业生涯中从导师身上获益。几乎没有人会得到由一位德高望重的智者指导自己入门的机会。我们一般是通过职业关系见到导师。

无论这种指导关系如何形成，它都是职业和生活关系中最珍贵、最有意义的关系之一。原因很简单：经验丰富的前辈将他们的专业知识、成功经验、失败教训和自信传给了经验不足的后辈。但这正是Z时代效应中的很多原则开始发挥效用的所在。

在传统教导关系中，导师一般比较严苛，或者仅是为了传授知识经验而被指派给徒弟。导师会将自己的知识传授给学徒，帮助学徒取得成功。在流行文化中，这叫“先把爱传出去”。

但是，在Z世代中，经验和影响力不仅从金字塔顶端向下传播，知识和理念也会从底部向高处渗透。经过一段时间，Z时代效应会使人们需要从上下两个方向进行教导。这是逆向导师制产生的基本前提。经验变化速度之快使我们希望向一些熟练使用新技术的人学习，保证自己不落伍。

在Z世代中，“不落伍”不仅指的是会使用新技术，也指理解新技术带来的行为和价值。事实上，技术会变得越来越简单，行为才是最难把握的。

我们中有一位曾经参加过思科公司的一次会议，一群千禧一代与一大群婴儿潮一代分组讨论社交媒体中新行为的优点。千禧一代指出，思科公司已经精心挑选出一群优秀的年轻人作为逆向导师，为年长的员工和顾客讲解新一代的观点。

在圆桌讨论中，千禧一代谈到公司透明度和开放性的重要性。重点是社交媒体如何帮助创造一种分享和开放对话的文化，无论在企业内部还是借由市场。参加讨论的有一位婴儿潮一代人士，他认为这种极端的开放性会导致风险，千禧一代的态度十分幼稚，他对此感到非常震惊。这些情况以及婴儿潮一代的愤怒表明，推进逆向导师制的过程将会非常艰难。

传统的教导关系中，导师一般是资深专家，在传授经验的过程中一般不会有学徒提出异议，但是逆向导师制的导师则不一定会避免这种情况，因为学徒在公司中的职位较高，导师反而很容易被压制。

我们观察到，在逆向导师制中，只有在两种情况下有可能顺利实施：第一种是通用电气的韦尔奇提倡的，公司直接颁布了一条规定，明确了逆向导师制的重要性和价值。韦尔奇不仅要求 500 名高管各自找到自己的逆向导师，他自己也这样做。第二种情况是学徒放下自己的权威和资历，认识到自己的经验不能成为反驳导师的借口，而且可以忍受因接受一种全新的，而且可能是完全颠覆性的观点而产生的不快。

思考逆向导师制的最好方式是看它与传统的从上到下教导方式的目的有何不同。经验丰富的老员工分享知识是十分自然并且有价值的，传统教导就是这样一种方式。但是逆向导师制并非如此。可能有人认为这种方式是在浪费新员工或年轻员工的时间。如果老板本人不在学徒之中，那么老板很可能会成为年轻导师的最大障碍。

思科公司逆向导师制案例

正规地实行逆向导师制的最佳案例之一是我们的客户——思科

公司。思科公司董事长卡洛斯·多明戈斯开始实行逆向导师制的初衷与我们大部分客户相同，是为了更好地融入Z世代，与不同世代的人们共享其行为。

> 在我们真正推行逆向导师制度之前这个制度在思科就已经存在了。我们招聘了许多大学毕业生参加销售精英培训项目和系统工程培训项目。我们为他们提供了为期12个月的密集培训，为今后的工作做好准备。我们教授他们技术和交流技巧，甚至包括用餐礼仪，这真正是对我们公司人才的精心培训和巨大投资。
>
> 我记得有一次我们在罗利参加培训活动，我与这些新员工坐在一起交谈。我直截了当地问他们："你们的生活哲学是什么？你们的期待是什么？"他们的回答基本都是："我们不是只为了金钱。我们想学习，想与众不同，为了达到这个目标，无论去哪里都可以。"
>
> 我从中认识到，我们在员工培训和教育上做了大量投入；如果我们不能给他们很好的理由留下来，很多人可能在短时间内就会离职。我问自己："思科公司应该做些什么与众不同的事让新进员工全身心投入工作？"
>
> 我们想到的点子是需要给他们话语权，让他们参与进来，投入进来，做出自己的贡献，知道企业的世界是如何运作的。在这个过程中，我们也需要了解他们的世界观和价值观。简单来说这就是整个逆向教导理念的产生过程。

一开始，我们创建了一个小组，组员都在社交媒体团队中，年轻人都在其中。毫不奇怪，对吧？我问他们：“你们觉得自己有没有能力给公司的高层做导师？”他们认为这是个好主意。

然后计划就正式开始了。首先将千禧一代与高管们配对。不是所有高管都参与，活动完全自愿。我们不想将这种想法强加于人。

我觉得最有趣的是这些关系的形成方式。一个新进员工可能无法与职位相当高的公司主管直接接触，突然之间，通过这种方式可以实现，而且他们也能接受主管的培训、教育和指导。这无疑对双方都有益处。

我学到的一件事就是不要将逆向教导观念强加给高管，而是试着向他们宣传拥有技术头脑和知识的好处。

如果你这样做了，会获益良多。我向所有同龄人推广这个理念，但是坦白讲，有些人对此不感兴趣。如果他们不想这样做，那么为什么要将他们置于一个不会使自己有所提升的环境中？或者说让他们做一件不会成功的事？

逆向教导策略的另一方面是挑选一位可从逆向教导中获益的新晋高管。开始在各种场合突出他们的重要性，这样其他人也会有这样的想法：“这件事我认为很重要。”尽管这样，但仍然会遇到阻力。

最后，我们制作了一个简单的应用程序，让导师和学徒对接起来。当对接成功之后，他们会见面并判断是否有默契，就像其他导师制度一样——基本的导师制原则是双方要有默契。我认为，逆向导师制与传统导师制有一点不同之处，就是学徒在传统导师关系中学到的更多。

在逆向导师制中，如果进展顺利，那么无法确认哪一方收获更大，因为他们得到的都是十分重要的东西。有些年轻员工的教导对象可能是世界上最有影响力的高管之一。作为同僚和导师，年轻人的收获是巨大的。反过来，通过身处科技和行为前沿的技术人员的视角，高管们获得了一次价值无法估量的教育经验。

这是这件事的讽刺之处。我的孩子们已经逆向教导我很多年了。我经常看到他们登录脸书（Facebook）、推特（Twitter）或者品趣志（Pinterest），然后问“你们在做什么？”他们就会让我坐下看他们的展示。对于无法在非正式场合学习这些的人们来说，逆向教导是最好的办法。

思科的逆向导师制看上去十分简单直接，以至于人们会想为什么没有更多的公司实行这个计划。我们与数十家开展逆向导师制度的机构合作，在此过程中我们发现，尽管对它的案例研究已在30年前就开始了，但这个理念还没有被广泛理解。

我们不禁会这样认为：年龄较大的高管们可能担心自己被新员工抢了风头，同样，新员工也担心自己没有得到重视，或者自己的建议可能被误解为对级别更高员工的批评。

为了帮助读者启动逆向导师计划，我们在附录中附有基本指引。我们用这些指引与自己的客户交流，减轻上述担忧，告知其他机构逆向导师制的好处。

重新定义世界

大家现在理解了超连接行为，也正在创立逆向导师计划，为理解这些新行为奠定基础，特别是理解它们如何改变在Z世代中建设企业的方式。还有什么没有做？我们大部分人可能都不会想到，这就是找到一种方法使超连接显现出来。这样我们可以追踪社会网络形成的方式，知道它们是如何影响商业活动和市场的。

我们不仅仅在谈论网络技术——有线或无线的连接以及代表每个节点的设备，经常被称为网络拓扑（network toplogy），就像高速路和交叉路口。它们只是告诉我们连接在技术上是如何实现的，而没有告诉我们人们是如何具体使用它们的。

计算机网络可视化有一个最好的类比，就是将静态的视觉地图变为实时全球定位系统，比如瓦泽（Waze）导航软件，收集了5 000万名司机反馈的路况信息，为出行设计最快捷的路线。前者会根据已知道路告诉你如何到达目的地，后者会根据路上人们的信息告诉你最快的路线。

同样，在超连接的世界中充分利用网络的关键就是理解它们的使用方式，也就是人们如何实现社交沟通和联络，他们在说什么。

这些会如何帮助人们理解机构或者市场的运作方式。

请注意，将超连接以这种方式可视化是打破常规的，我们大部分人对此并不熟悉。因此，让我们首先看一个简单的例子，说明我们这样做的初衷。

为社交网络推出的布朗尼相机

2001 年左右，马可·史密斯有了一个疯狂的想法：发明一种将所有互动网络可视化的方法，这样它们就像柯达布朗尼相机一样使用简便了。1900 年布朗尼相机的问世彻底革新了“快照”的概念。就算不是摄影师，没有暗房和专业设备，不懂化学作用过程，任何人都能拍照。布朗尼相机是引发个人摄影的星星之火。你用过的所有相机，包括智能手机上的，都基于即按即拍的摄影技术，这是布朗尼相机 80 多年前引进并一直在推进的技术。

布朗尼相机使得人们可以通过其他人的眼睛观察世界。从很多角度来说，它与无线电和电话等技术都是奠定全球连接时代的基石。这种基础相机将摄影技术扩展到专业领域之外，只要被拍摄的对象摆好姿势即可，利用大众的力量，捕捉世界的真实模样，而不是我们认为它应该有的样子。史密斯的社交网络计划也是这个道理。

通过大众描绘世界

史密斯希望“通过人们描绘自己的社交情况，展示我们真实的工作与沟通，借此说明社交网络。这样我们就可以深入了解社交网络的每个角落，这是单独一个组织机构无法做到的”。史密斯是社交媒体研究基金会的创立者，是分析工具 NodeXL 的推动者。后者是一种开放资源网络可视化分析工具，是史密斯在微软互联网服务研究中心工作时创建的。在史密斯看来，“只有通过一群人，而且是一大群人，才有可能描绘一个社交网络的互动情况。同样地，如果我们有可能派一组摄像师去地球上拍下每一个大事件，那么费用会极其昂贵。因此，我们无法抓拍到社交网络的全景，完全没有办法”。

史密斯用美国《公告牌》单曲榜前 50 的例子说明了这一观点：

> 前 50 代表了一个榜单记录，但只是某个时间点的记录，可以具体到某个数字。这个记录是有用的，但就像我们将某一时代所有人归为一类的固定想法一样，这个记录没有提供某些背景，比如为什么这个歌手或这首歌曲在前 50，什么人在听，或者他们为什么在听。

社交网络可视化和分析可以提供一个类似从新闻中心俯视的图景，展示出人们的具体行为。直到最近，我们还是无法通过网络做到这一点。史密斯说道：“过去几年来，当几千人在广场上聚集的时候，你知道这是可以报道的新闻。但是现在每天有几千人在一个网络话题下讨论，或者在一个网站留言板上留言，或是在讨论组里，或者在其他某种网络空间中。这些场景在社会学上相当于广场，而我们却没有这些场景的照片。”

史密斯的目的是提供他称作“网络群体”的航拍照，[10]旨在展示人们如何在虚拟环境中聚集，比如社交媒体、电邮或者内部社区。方法是简单的即按即拍摄影技术。这样可以使人力资源专家、经理、市场营销人员和销售人员看到并理解网络效应，无须博士毕业就能运用数据库或网络理论。

史密斯相信，以日常活动为基础的网络分析工具将在不久的将来得到广泛应用：“每一位美国企业界的中层经理将在未来 3~5 年内不得不与网络打交道。现在他们坐在电脑前需要看饼图，不久将会看网络图。”

网络分析被用于企业交流与联系时，大家可以看到那些正式和非正式的专家，他们会回答同事、搭档和客户的问题；也能看到不同群体之间的桥梁搭建者；还能发现一个机构需要桥梁或连接的“结构洞”①。举例来说，对于涉及兼并或收购的公司，内部社交网络分析可以明确整合各个机构或某几个部门时的具体困难点。在已经实现社会高度连接和合作时机已经成熟的领域，它也能发现在哪里可以较早取得成功。

问题是人们没有看到描绘社交网络地图的价值，因为现在这种网络主要用于私人活动，在机构设置中没有起到作用。

---

① 结构洞（structural holes），是在互联网经济体系下延伸出来重新定义人际关系的网络化社交体系。——编者注

电话刚出现时，人们曾经担心在办公室安装电话会浪费时间，或者认为应该仅限高管或者他们的秘书等人员使用。如果没有在那个时代生活过，可能会认为这种想法难以理解。你可能回想起来，电子邮件的发展也经历过同样的过程。

在连接和交流的历史上，有人认为新技术是无用的、干扰注意力的，也有人认识到新技术的价值，这两种人之间的分歧一直存在。后者直接看到它的价值，这些价值后来变得越来越明显，成为反对者眼中的“新常态”。

从原始技术诞生到超连接的终点近在眼前，我们用了几代人的时间经历这一痛苦过程，但是与此不同的是，大多数人在此之后不会重复走一遍这段历程。我们在下一章将看到，他们反而越过了演化阶段，直接利用技术产生的加速力进入了未来的超连接时代。

付诸行动

向 Z 时代领袖学习

- 杰克·韦尔奇，通用电气前总裁，在通用公司内部首次发起逆向导师制。
- 卡洛斯·多明戈斯，思科公司董事长，不经意间开创了逆向导师计划。
- 马可·史密斯，社交媒体研究基金会的创立者，分析工具 NodeXL 的推动者。

准备好进入 95 后的圈层了吗?

- 就个人而言，你的超连接达到什么程度? 这种超连接水平是否满足你想要的社交生活和工作需要? 是否按照你希望的方式了解世界上发生的事情?
- 贵公司实现了超连接还是没有对外连接? 只有内部连接还是与外部合作伙伴和客户也有连接? 为什么?
- 鉴于目前贵公司的超连接状态，你希望有什么样的机会来联系客户、合作伙伴和媒体?
- 你对“外接大脑”的依赖程度如何?
- 你每天使用多少台计算机设备?
- 你如何在工作和生活中利用这些设备?
- 你的产品和服务中是否连接传感器? 是否应该连接?
- 你通过透明度建立互信关系，还是回避透明度?
- 你能否处理好两个世界的生活? 是否适应这种工作模式?
- 你是否注意到儿童如何通过超连接获得比过去更强的能力?
- 你能否想出例子，证明新技术直接应用于旧行为，反而削弱了其价值?
- 贵公司是否利用逆向导师制减少世代差距?
- 你是否曾主动要求成为导师或学徒?
- 为了更好地看到机会、明确差距，你在社交网络可视化方面做了什么努力?

请在 TheGenZEffect.com 网站上回答完整问卷，测试是否准备好迎接 Z 时代效应。

4 第四章　低技术门槛

回首越深邃，前瞻越智慧。

——温斯顿 · 丘吉尔

本章中我们将讨论如何降低技术门槛，以促进新技术被大众接受。我们将首先探讨阻碍其被接受的因素，以及如何通过不断简化、加强使用的便利性和专用性，逐渐消除这些阻碍。我们还将关注在新技术不断改进的过程中，游戏化为学习和应用技术提供的途径。之后引出“最终理想结果”的概念，借此方法可以更好地理解技术的发展轨迹和实现全球普及的最终目的。

在一部经典的科幻作品情节中，人类发送了一艘载人飞船，经过几十年或上百年的漫长旅程，到达数光年之外的遥远的星系，在一个与地球类似的星球上着陆并探险。飞船飞行期间，探险队员们进入休眠状态。数年过去，队员们从熟睡中醒来，在这个遥远的星球上着陆。

但是，他们很快发现目的地已经存在一种先进文明。换句话说，这些人类的技术已经极其先进，他们能够在这艘飞船和队员到达之前登陆这个星球，而且也可以用同样的时间往返一次并建造一个新的人类前哨基地。

这是“技术反弹”（slingshotting）[1]的精髓，创新的力量不断加强，推动技术不断前进，在技术接受曲线较慢一边的人（落伍者）在此推动力下跳过了多个技术时代，反而与那些经历了痛苦的技术演进历程的人来到了同一个未来阶段。

我们利用现在的大多数技术，可以解决大部分问题，比如软硬件的各种故障、不稳定的连接和技术过于复杂带来的用户体验不佳。新用户可以轻松使用技术，因为现在障碍都已消除，使用互联网就像拧开水龙头接杯水一样简单。还记得吗？在20世纪90年代，只有在网吧才能上网，现在不需要了。互联网就在我们周围，在我们手腕上，在我们眼镜上，在我们口袋里、背包里。它就在我们书桌上，在厨房里，在电视背景墙上，而且越来越多地进入汽车里。我们突然发现，在此基础上，“上网”这一步几乎已被省略，原因很简单，看看我们身边的移动设备，智能手机、穿戴式设备、平板产品、笔记本电脑，在几乎每种场景下都有它们的身影。

根据国际电信联盟（ITU）的数据，互联网使用人数在2005年有一次重要突破：发达国家50%的人口可以使用互联网。

与之相比，20世纪90年代网络潮中的全球上网用户总数看起来像是舍入误差。2000年的互联网使用人数还不到现在的1/10，那时

① 技术反弹是指当一些指标过低时，从技术面分析可能出现一次反弹。——编者注

互联网的发展才刚刚开始。

图 4–1 中汇总了世界银行提供的数据，[1] 如我们在第三章中所说，发展中国家还没有开始飞速增长，全球范围内只有每年 9% 的增长；而在发达国家，增长已经达到指数倍，而且最后的联网人数几乎已达百分之百。实现连接和购买设备的成本不断降低，上网便利性得到极大提高，只需要在苹果专卖店或者百思买门店，或者世界上成千上万家小卖部中的一家买一台新设备并激活，就能实现网络连接，这一点根本改变了能够或将要成为 Z 世代一员的人们的限制因素。

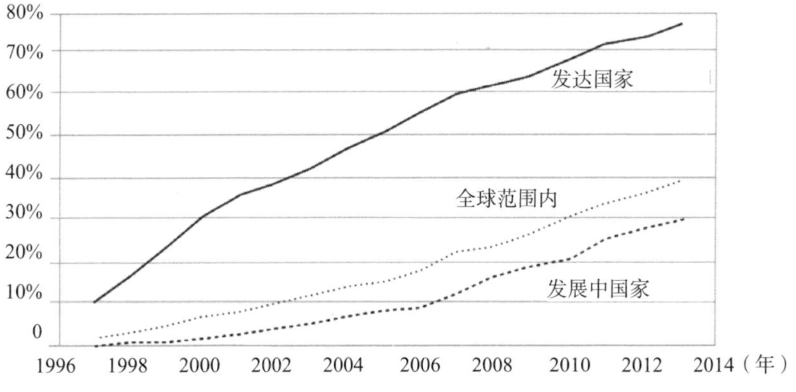

图 4–1　互联网参与度[2]

如图 4–1 所示，发达国家可使用互联网的人口百分比已接近 80%，发展中国家仅有 31%。

对其进行详细分析之后，我们发现形成技术反弹需要三个因素：

1. **简化**。现代科技提供的用户体验和技术能力最终是要面向“普通人”的，而不是计算机专家和最早使用这些技术的人，他们事后才发现这些技术不方便操作，因为它们要求用户使用非常专业化的界面打字和阅读操作系统。由于移动的、社交性的、高度视觉化界面的发展和触控、声控技术的崛起，再加上计算机设备和高速联网费用的下降，那些早期的障碍大部分已经被消除。

2. **可及性**。超连接和技术的可及性使得联网可为社会所接受，并在技术上是可行的（比如越来越多的咖啡店、餐厅、图书馆和酒店提供无线网络服务）。最后，传统上没有联网习惯的人们逐渐适应了这种状态。例如，祖父母们以前习惯在钱包里放孙子孙女的照片，但是现在，由于脸书、视频通话和其他类似应用的普及，通过在个人主页下浏览、留言、评论，或者直接视频通话，他们就能联系到千里之外的家人，不需要考虑什么技术问题。

3. **数据化**。通过技术捕捉人们之间的互动是绝大多数“免费”服务的来源，这些互动显示了人们的实际行为，可用于分析和实现个性化。搜索引擎、脸书、优兔（YouTube）视频网站和大多数公共网站为用户提供免费服务，因为可以获得可能对广告商有价值的用户数据。如果产品是“免费”的，那么这个产品其实就是“你”。在市场营销中一向如此，但是在Z世代中应用得更加直接。

让我们仔细分析这些因素。第三章中提到，全球27亿用户正在使用70亿部手机，超连接就是能够产生技术反弹的新基础。这种反弹力或者准备反弹的状态是最近才出现的，基本产生于2008年开始的经济衰退期间，其中重要的一个节点是苹果公司2010年发布第一款iPad（平板电脑）。iPad刚推出时受到强烈质疑：谁会用“一部超大的苹果手机”？但是苹果公司截至2010年第一季度已售出超过1.95亿台平板电脑，[3]也引发了世界上平板产品的销售热潮——从2012年的1.16亿台增长到2013年的1.95亿台。[4]而现在有几百万名第一次接触互联网的新用户，很多人从来没有使用过电脑。

图4–2是理解技术反弹的最简单的方式，展示了我们到达未来的各种途径。

第一种是试着从现在（左下区间）直接跨越到某种遥远的颠覆性技术和一套新的行为方式。这种方式从来没有成功过。技术和行为必须以相同步调演进。另外一种方式是通过左上区间到达未来，技术在改变，但是行为起初相对稳定，之后在一代代的技术演进中随着时间的变化而改变，我们称之为“技术员路径”（techie path），因为要经历相当长的一段时间在新技术和经验中摸索。例如，在过去20年间，个人掌上电脑（PDA）发展到智能手机等移动设备，经历了至少20代技术。但是，如果未来的技术和行为被社会上绝大多数人认可并接受，那么现在就实现了同步，大多数用户在右下区间被反弹进入未来。这就是反弹力，也是进入未来最快捷、最轻松的方式。但是，它也经常被市场和现在的产品服务供应商轻视，因为后者在技术员路径上已经经历了漫长的艰苦历程。关于技术反弹最鲜明的例子之一就是谷歌的崛起。在1998年谷歌创立的时候，已经有了一个关注文本搜寻和检索的健全产业，并已发展 30 年之久，只是比较分散和复杂。但是谷歌通过技术反弹超越了所有竞争者，建立了一种搜索模式，很快成为未来搜索模式的标杆。

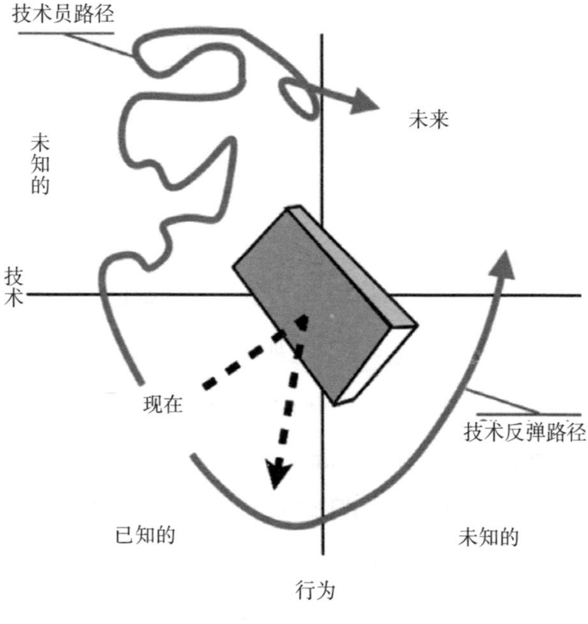

图 4–2　通往未来的技术反弹路径

注：图左下区间代表现在已知的技术和行为。如果我们试着直接进入未来未知的技术和行为，那么会很快被反弹回来。这是苹果牛顿个人掌上电脑和索尼电子书阅读器存在的问题。它们尝试将产品销售到一个史无前例的技术空间，推动一种从没有人经历过的行为。

我们一直做错了

对于已经使用网络很长时间的人们来说，现在是坦白的时候了。我们一直指责“技术卢德主义者”（反对机械自动化的人）不努力学习使用电脑，但其实，正是技术员、电脑极客和发明家们使计算机越来越难用。直到现在，复杂难学的技术还是多于简单易学的技术。

长久以来，哪些人为什么会决定退出超连接一直是个谜，这个谜底现在终于解开。婴儿潮一代和成熟 / 沉默的一代被认为是技术恐惧者，有充分的理由不想使用网络。但其实，与其说是恐惧，不如直接说是没有看到其中的价值。皮尤研究中心和斯坦福大学长寿研究中心的研究结果显示，老一辈人在“生命第一阶段”中有大量社会互动，他们认为网上的“生命第二阶段”不值得付出这样的努力——到现在为止是这样，这个结果也在意料之中。

斯坦福大学长寿研究中心专家劳拉·卡斯滕森博士说道：“无法使用数字技术的原因不是技术复杂性，而是对感受性需求的缺乏。对很多年纪较大的人来说，他们已经对自己的社会关系、友情维系和与爱人的交流方式很满意。”[5]但是，这种趋势正在转向。突然有很多事需要使用互联网：与千里之外的家人联系，与几十年未见面或未联络的朋友、前同事和同学联系。其实，弗雷斯特研究中心（Forrester Research）一项关于“数字老年人”的项目研究结果显示，60% 的美国老年人使用互联网，其中 49% 使用脸书。[6]这个人口统计数据也是增长最快的社交媒体人口数，[7]这与我们一般理解的使用网上社交媒体的人群大不相同。

虽然现在社交媒体的主要使用者是 34 岁以下人群，但是根据全球网络索引数据，[8] 这种情况不会继续。世界各地的人们开始使用网络，每年大约增加 2 亿人，预计每年会以指数倍增长，到 2020—2025 年，全世界所有人都将使用网络（见图 4–3）。

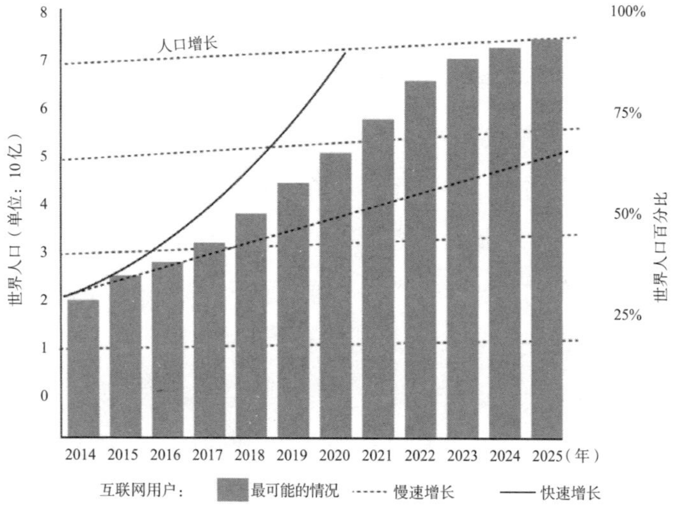

图 4–3　全世界互联网增长可能出现的三种情景

反弹力作用的促进因素：有用性和可用性

以前拒绝使用“新奇的互联网”的人们开始接触网络，这并不难理解。技术不仅是有用的，而且是可用的，网络使用费也不断降低，使上网不再是锦上添花的乐事，而是简单必备的使用体验，大规模使用网络的时机最终成熟。

我们曾采访过约瑟夫·基布勒博士，他是研究如何以人为本设计技术的人性因素心理学家，目前是堪萨斯州威奇塔州立大学心理学教授助理、培训研究与应用认知工程实验室主任。他描述了一种约有 30 年历史、用来研究人们对待新技术方式的研究方法，这种方法起始于 1989 年创立的技术接纳模型。该研究最先由弗雷德·戴维斯提出，他现在是阿肯色大学山姆·沃顿商学院的信息系统教授。他重点关注两个方面的问题，一个是关于某种技术对我们工作能力的影响（技术有用性），另一个是关于学习和使用一种技术的难易程度（技术可用性）。

让我们先暂停一下。

有用性是指技术可以使工作更加轻松，可用性是指技术本身便于使用并简单易学，如果要预测这两者中哪个对技术的实际使用影响更大，你认为哪个会胜出？结果证明，被认为有用的技术（使工作更轻松）比可用的技术成功的可能性高 50%。[9] 当然，现在也不会要求在有用的平板产品和可用的平板产品中选其一，完全可以两者兼有，大家无疑都想如此。那些希望为用户提供新技术的公司自然也想做到这一点。

我们学到了什么呢？如果你计划的技术接受群体是从未使用过它的人，那么就要确认这个技术对于目标市场而言是有用的。如果人们认为没有理由使用它，就不会用。人们使用技术的动力不是技术本身带来的刺激感，而是它真正有用。记住，我们现在讨论的是技术反弹——新技术如何为大众接受，而不是电脑极客。如果你想选择图 4–2 中的“技术员路径”，那么技术本身或许确实会是你的动力。

另一方面，可用性让不是极客的人在使用技术时没有那么沮丧，就像撞到一堵墙然后弹回来，我们在前面图 4–2 中谈到过这一点。

最理想的状态当然是将极具有用性的技术与极具可用性的技术结合起来，创造新的用户体验，使之前不想参与的人都愿意体验技术。经过进一步的技术改良之后，人们几乎可以毫不费力地使用新科技。一定要记住，把有用性和可用性紧密结合起来，使之达到理想状态是非常重要的。因为市场不知道如何要求一种未来的产品，因为人们还没有用过这种产品，也没有经历过使其成为生命中的必需品的过程。没有达到这两点要求的产品比比皆是。

我们在本章中讨论心流、游戏化和最终理想结果等话题时会再次谈到有用性和可用性。这些都依赖有用性和可用性结合产生的奇妙反应从而吸引客户并赢得客户青睐。基布勒博士列举了诸多案例，说明企业如何做到重视用户体验和解决方案的创新性，从而在市场上拥有独一无二的优势：

> 以苹果电视为例，遥控器十分简单，其实只有四个按钮：播放 / 暂停，菜单，选择，导航。现在，如果拿它与数字录像

机或电缆箱控制器对比，可能后者要多十几个按钮或者更多。就算在半夜漆黑一片时，你也可以拿起苹果遥控器，无须多想就能使用。但是如果是标准遥控器，在没有灯光的情况下是无法使用的。这与使用时间长短没关系。这两种遥控器都是**有用的**，也达到了同样的目的，但是其中一个明显有更强的**可用性**。

在基布勒博士的案例基础上，我们增加了一个案例，即声控系统的出现，例如亚马逊火盒子、苹果的 Siri 智能语音助手、微软游戏机的语音识别和手势控制界面等。这些技术都在向简单化发展，这样更多的人就有机会实现技术反弹，通过控制按钮，使得用户与装备的交流方式更像人与人的沟通，不需要耗费精力学习主要指令、操作鼠标或使用任何更加陌生的界面。

这也是为什么企业用户几乎全都讨厌“集团”强加的技术。这些技术可能理论上对工作会有所帮助，但是在实践中并不好用而且浪费时间。这种现象不该出现，特别是与用户技术相比，后者的界面无须培训即可使用。试想一下：上一次要翻操作手册才能使用最新购买的技术产品是什么时候了？

这不是凭直觉做出的判断，理解和使用早期技术需要耗费大量时间和精力，这正是技术反弹不太可能实现的重要原因之一。因为在花费大量时间学会一种技术之后，即使对它已极其不满，大多数人也不想去学一种新技术。由于使用新技术有一定难度，他们已经为此焦头烂额（一次或很多次），所以坚决拒绝新技术。这便阻碍了改革的发生，使得一种技术得到推广的时间过长，超过了其有用期限。

问题是技术可能一直在前进，但是人没有。大多数人不想改变自己已经习惯使用的技术，除非有非改不可的理由和一个更简单的选择。这便产生了一种张力，即一种储存的潜在能量，在条件具备时，会突然之间像弹弓一样将人们送达未来，这样他们可以飞跃过去已经经历的或者有意避免的痛苦。

这有点像瑞普·凡·温克现象；很多人其实在睡梦中度过了技术演化的痛苦过程，他们一觉醒来便直接来到了未来。他们打开电视，看到很多广告，上面人们轻松地录家庭录像、拍照、播放音乐、在平板电脑上看新闻，或者用智能手机玩游戏，他们突然意识到自己也应该使用这些新技术，因为它们看上去特别容易。是不是听上去很简单？所以除了罕见的特例，比如苹果手机或声控界面，我们为什么不每天使用真正有用、高度可用的技术呢？大家为什么不这样做呢？基布勒博士认为，原因是世界上只有不到 1 万名合格的技术人员关注有用性和可用性的问题——一般被称为用户体验（UX），或者更正式的说法是“人类因素”（human factors）——使其成为一种罕见的技能组合。几乎没有大学教授这项课程。

本特利大学可用性实验室是全美用户体验顶尖项目之一，比尔·格里本斯是项目负责人，他认为用户对体验的要求不断改变，这是挑战之一。“我们生活在一个体验经济体中，期待事物变得更强大，产生更大的价值，期待事物会变得更美好，得到越来越好的体验。生命中的每件事都是如此，从关系到产品。五年前让我们快乐的事现在不会让我们快乐。虽然这让制造商和生产商们抓狂，但是这也是创新的动力。”[10]

苹果、微软和谷歌等公司都抢着雇用用户体验专业的大学生——想想这些公司产品的受欢迎程度和有用性，就明白它们为何能取得这样的成功了。如果你是技术供应商，可以设计很好的用户体验，那么就可以超越技术反弹，一举把人类的大部分领域向前推进一大步。

例如，苹果公司 2010 年 4 月 3 日推出第一部 iPad，在首次发布后 90 天内，全球 100 强公司中有一半都在使用 iPad。[11]iPad 的需求量惊人，第一天的销售量达 30 万台，苹果系列设备（iPad、iPhone 和 iPod）应用程序的下载量从 2013 年 5 月的 500 亿增长到当年 10 月的 600 亿，到 2014 年 1 月已达 650 亿。[12] 苹果专卖店有超过 100 万个这种在售的应用程序。到 2014 年初，有接近 30 万名苹果系统开发人员从事程序研发工作。[13] 如此新的设备有这种增长幅度几乎是无法理解的。这就是技术反弹发挥作用时的潜在能量，不仅推动苹果设备革新，而且促进围绕这些设备产生的整个非传统产业的发展——应用程序开发。这方面我们已经在前面谈到过。

你可能犯的一个最大的错误是认为技术接受过慢是代沟导致的，认为只要是旧时代的人都拒绝技术革新。历史上我们一直这样做，将“老”员工定义为不会使用技术的一类人。这又将责任归到用户身上，就像波哥（小沃尔特·克劳福德·凯利标志性的连环漫画人物）说的："我们看到的敌人，就是我们自己。"在 Z 世代研究中收集到的许多评论里，对世代固有形象的担心十分明显。一名在一家大型跨国公司工作的受访者说道："我们发现，很多老员工看不起年轻人，而年轻员工不相信老员工还能提供任何价值。我们采取彼得·德鲁克的建议，鼓励每个人挑战自己的设想。我们也提供实习、教育、培训和逆向教导项目。"另一名受访者评论道："我担心每个世代都不会放弃自己的固有形象，继续埋没天才，这不仅影响他们个人的未来，也影响公司取得成功。"

这些是非常现实的问题，而且不会自行解决，需要有人积极组织并应对这些问题，才能避免他们将世代分歧带入工作单位中。我们已经习惯的对各个世代特征的描述是人为决定的。阻碍人们学习技术的主要因素不是对技术的恐惧或缺乏技巧，一个人被称为"技术恐惧者"与他的年龄没关系，他更多的时候还是认为没有必要使用技术。

同时，与之相对的，有很多人不得不经过一段漫长的经历，学习各个阶段的技术——从大型机到智能手机，所以他们有些扬扬自得，不相信那些从未理解过技术的人能够接受它。正如我们研究中的一位中年受访者所说："我不知道为什么我们这个年龄段的人对老一代人的技术反弹如此不满，就像你说的，他们不接受'技术使我们达到同一层次'这种想法。许多先驱经历了痛苦的技术演进过程，想记住之前用的康懋达系统、点阵式打印机和拨号上网调制解调器等技术。‘我们很可悲，但是必须忍受，他们也应该忍受。’”

尽管智能手机和平板电脑可能是反弹进入现代网络的初始入口，但这并不意味着它们一定能使新用户心动、认可，更不一定能吸引他们将时间、金钱和精力投入进来。有用性和可用性最强的应用程序为人们简便地使用设备扫清了障碍。米哈里·契克森米哈赖认为，现在，开发者越来越注重“吸引人”和“上瘾”的体验，即零食生产商说的“渴求效应”，使应用程序进入一个完全不同的层次，即艺术与科学相结合的层次。这是一个重要现象。契克森米哈赖是克莱蒙研究大学心理学和管理学教授、生活质量研究中心主任，在他1997年出版的《当下的幸福：我们并非不快乐》① 一书中，他提出一个理论：人们只有在一种心流的状态中才会最快乐。在心流里，人们完全沉浸其中，意识全神贯注。[14] 商业和消费技术供应商开始意识到，他们应该帮助人们达到“心流”状态。

人们通过对技术的有效利用而使用游戏、教学或企业应用程序，这一现象的背后有一个关键概念，那就是使人们保持心流状态。心流类似于适居带——在这里所有成功的要素都刚刚好——既不会因为乏味而感到厌倦，也不会因为超出自己的能力而焦虑。经过一段时间，人们在心流状态中会感到不断有新的挑战，同时技能也得到提高（见图 4–4）。

心流可能看上去像一个相当抽象而且难以达到的状态，但是这

① 该书简体中文版已于 2011 年 6 月由中信出版社出版。——编者注

就是数据化（测量行为，收集行为数据）和游戏化（将数据转化为行为信息）发挥作用之处。为何？因为我们希望创造心流，不仅因为它是一种极好的思想状态，而且也因为它会使人们喜欢上正在做的事。

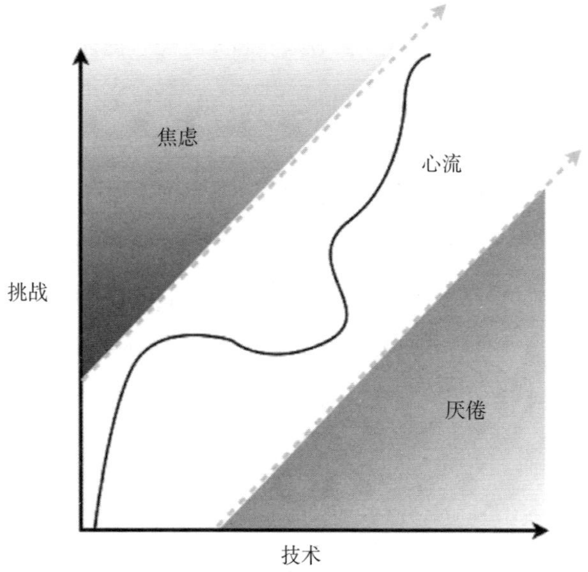

图 4–4　保持在心流通道中

注：心流就像一条通道，在完成一项任务和开展一次活动时，面临的挑战和需要的技能达到一种平衡。如果挑战和技能与自身能力不符，那么我们要么会焦虑，要么会无聊。这对于理解学习环境至关重要，因为如果我们能保持在心流通道中，就会积极学习，开发技能，迎接更大的挑战。

游戏化

游戏化是近几年出现的一个词语，指的是为追踪并提升客户或员工参与度专门设计的一系列技术。虽然给人的第一印象是游戏设计者的专用词，但它其实是一个备受关注的领域，我们将在第六章中破除这个词的神话。

网络游戏服务商球束公司（Bunchball）是游戏技术最早的供应商之一，总裁拉加特·帕哈里亚将游戏化技术定义为：

游戏化指的是利用数据达到激励效果。

如今，我们都已经成为行走的数据生成器，而且我们的工作或者消费、购买和使用的东西越来越需要通过技术得以实现。这就抛出了“大数据”这个热词。大数据可以被追踪，通过将其可视化并在其基础上采取行动，可以达到激励效果。

例如，在销售团队中通过提高销售额、较早开始季度销售或在销售过程中穿插一定数量的榜样员工，在销售人员中间引发竞争。

在客户呼叫服务中心，这种方法可以用于激励员工在尽量减少呼叫次数的前提下，准确找到使客户满意的具体要素，就像一个较高的净推介值（一个常见的营销测量单位，通过询问客户推荐公司、产品或服务的可能性，测量客户的忠诚度）。

游戏化有时被描述为“在非游戏环境下用游戏机制引导用户行为”。这引出了一个问题：如果我不是游戏玩家，这些怎样才能适用于我呢?

你可能会猜到，球束公司自2007年创立以来，帕哈里亚已经被问了几千次这个问题。

> 人们经常问我们：“我知道这对孩子们来说是有用的，但是为什么对高管也适用？”好吧，我敢肯定，你们的高管十分关心自己在航空公司的地位，而且为此感到骄傲，对吗？因为他们可以升到头等舱，提前登机，在优先登机屏上出现，受到的待遇比普通旅客好得多。
>
> 军队中也有类似的行为，军人会更关心军衔。高管的情况与此相同。如果你跟他们说：“我不会改变你工作中的任何事情，你的考核报告、薪水和职责都不变，我只是把你名片上的高级去掉，所以现在你只是副总裁。”他们会有什么感觉呢？你没有剥夺任何“实际”价值，但是明显剥夺了他们眼中非常有价值的东西，对吗？这个东西就是地位。
>
> “地位”本身就是个复杂的词语，包含了我在群体中的身份、职责、经验，还有随之而来的利益和好处。这就是游戏化的运作方式。它与年龄无关，只是一种普遍而典型的人类行为，并且具有激励作用。

关于游戏化有一点须谨记：最吸引人的是它的指引性，能让自己看清现在的位置，明白离目标还有多远，最终达到一种心流状态；

在这种状态下，你会不断接受挑战，从而保持进步，不会遇到让你感到沮丧的障碍。

一些最成功的游戏化应用软件和技术是高度人性化的。以前有多少人会在一天之内多次测算自己的心率？现在有像 Basis 这样的智能手表，可以追踪心率、排汗情况、行走步数、爬楼数和热量消耗。Basis项目发布时，出人意料地成为最成功的智能手表众筹项目之一，预售额超过 100 万美元，该公司于 2014 年初被英特尔收购。

另一个类似的设备是追踪者手环或皮带扣，可以显示行走步数、与每天的目标接近程度、当天的运动量（心率上升到有效水平的次数）等。

你可以与朋友们比赛进步情况，加入有同样目标的社团，比如，在几个月内总步数绕地球一圈。

还有些其他应用软件，如减肥宝（MyFitnessPal），可以通过扫描食品、饮品上的条形码，按照时间绘制的曲线图自动追踪并计算你每天的卡路里消耗量。它也会标出起始点，注明你是否在接近自己的饮食目标，也可以记录体重、体脂含量和身体含水量。

大多数时候，做这些监测没有太大难度。你不用自己监测运动情况，只需要戴上随时追踪的传感器，然后安装一个健康应用软件。也不用时时刻刻记着吃了些什么、喝了些什么，只需用智能手机摄像头扫描食物条形码，它自然会进入饮食应用中。

基布勒博士将这些小装置称作认知辅助设备，即第三章中提到的“外脑”。这种自动追踪的理念经常被称作“量化自我”行为。越来越多的人愿意测量生活中的所有事物，特别是健康指标。当将这种对行为的直接监测与朋友或同龄人群等社会支持机制结合起来时，效果将会极为明显。

例如，在慧俪轻体（WeightWatchers）的研究中，减肥成功并且没有反弹的人中有 80% 得益于社会支持；减肥成功后反弹的人中只有 30% 曾获得社会支持。[15] 慧俪轻体在成立以来的 50 年间一直拓展亲身支持系统，拥有线上互助社区，其成员来自世界各地，他们认识到超连接具备一个新的功能，即利用社交工具增强传统社会的支持。这种工具现在已被大多数人掌握。

数据的“连环打击”和社会支持与 Z 世代的期待完全契合。Z 世代认为，无论在何种状态下，生活就是持续不断的回应和社会交往。

数字健康是最新、发展最快的领域，它得益于智能设备的崛起。一份 2013 年的 CEA（癌胚抗原）行业市场调查报告显示，33% 的移动用户在过去的一年中曾使用设备追踪自己的某些健康指标。国际消费类电子产品展览会（CES）会聚了世界上领先的消费技术公司，2014 年 1 月的展会显示，全球数字健康足迹同比增长了 40%（根据销售商和主办方使用的物理空间计算）。[16]

2013 年 1 月发布的皮尤互联网与美国生命项目报告发现，截至 2012 年年中，美国 69% 的成年人至少会持续关注一项健康指标，比如体重、饮食、日常锻炼或病征等。[17] 与游戏化的应用程序或可穿戴设备不同，49% 的受访者通过自行记忆追踪进度，34% 做书面记录，

21% 通过技术记录（比如记录自己健康数据的电子表格）。但是这些方法都需要打断活动进程以完成追踪，或在活动结束之后完成，而不是在锻炼、吃饭或睡觉时自动记录。因此，数字健康市场仍具有广阔的竞争和创新空间，也就是为关心健康的人们将健康追踪和反馈工具做成无形并且能永久工作的工具。

基布勒博士在我们的谈话结束时总结道：

> 你所说的技术反弹的科学背景是技术接受和最优体验的结合。有些人在突然接触到新科技时会停止不前，而有些人则会接受并尝试，而且可能会迅速掌握，或只需一点帮助就能掌握。你会认为人们有能力“反弹”到技术彼岸，然后会尝试操作技术，看有何效果，这很重要。他们熟练使用之后会意识到：“我可以用它做这个，做那个。”这将产生巨大影响。

这种巨大影响就是超连接和反弹力的结合。人们会意识到互联网的连接性和连接的设备可不只“足够好”这么简单，任何人都可以利用它们以有用的和方便的方式联网，只需较少的投入，并且只花费很少的工夫。

如何做到这一点？你可以尝试用现在仍被质疑的技术消除人们在目标与方法之间的所有障碍。最理想的目标是：“蓝天”版技术可以助其一臂之力。

向零难度的最终结果前进

十几年前，要想分享一段视频，首先要用录像机录像，再用特殊设备将录像带数字化，编辑内容和制作文件，将其输出为一个完整的视频文件，保存成较小的压缩的版本以便于上传网络，最后才能用电子邮件发一份拷贝给家人和朋友。这个过程和用到的设备一般会花费几千美元。制作一段 30 分钟的儿童独唱视频需要几周的时间才能完成，基本与提名奥斯卡的工作量差不多。如果你还有 8 毫米电影胶片或者家庭出游拍的家用录像带，请回想一下你与外人分享过几次这些视频，我们想次数可能不会很多。

现在录制和发布视频只需要一步，或者最多两步。无论你直接在脸书、推特上操作还是用智能手机或平板产品的摄像功能，都能通过多媒体信息服务（MMS）用最小的配置与其他手机用户立刻分享视频，或者通过电子邮件，或者在优兔视频网站、推特、瓦因（Vine）上分享视频。技术的简捷化基于最终理想结果的概念，这个概念常见于创新型公司如苹果、谷歌、三星、LG、通用公司等。虽然在过去 60 年里，这个概念从加工厂到纳米技术公司，在商业界被用得越来越多，但是其知名度并不高。最终理想结果描述了一种不受原问题约束的解决办法。像“我想与家人和朋友分享家庭影像”这类问题，之前的解决办法是个冗长、昂贵、复杂的过程，现在基本上只要对焦、拍摄，然后在一台联网的设备上共享即可完成。

你能看到这种向最终理想结果发展的趋势在诸多领域都有所体

现。例如，几千年来，人们都以为洗衣服就是在河边的石头上捶打。1797 年，洗衣服的方式变为人工在搓板上搓洗，1858 年发展到手摇式旋转洗衣机，然后到 1908 年的电动洗衣机，再到 20 世纪 40 年代有搅拌器和自动分离机的更加现代、有更高辨识度的洗衣机，最后到 21 世纪前置式蒸汽清洁洗衣机，比传统的顶装式搅拌机驱动洗衣机节省 77% 的水和 81% 的能量。[18] 利用超连接技术，这种最新的洗衣机可以在洗好衣服之后通过智能手机发送提醒。

与前几代的技术相比，我们现在拥有的技术是技术反弹的集中体现，从根本上减少了复杂的或需要人工完成的活动的难度。以前需要付出巨大努力才能做到的事现在基本毫不费力。我们提到的可穿戴设备，健康追踪器 Fitbit 和谷歌眼镜，都是以最终理想结果为目的的典型示例。由于它们在人的身上基本上是“永远开启”的状态，所以渐渐隐入背景中，成为经历中“自然”的一部分，就像近几十年来普通眼镜和隐形眼镜的发展一样。

向最终理想结果这一目标发展的技术还有另一个方面，即它们将多种设备或操作装置整合为完美的体验。但是，“最终理想结果”这一概念有点用词不当，因为结果其实不是最终的目的，它是不断整合和简化的持续过程。

反弹效应正在加速发生，随着时间的推移，技术不断整合和简化，从而放大了这一效应。这个过程是不间断的，因为技术历经不同时代已经越来越成熟。一个例子就是各种设备的整合，比如智能手机整合了静止摄影、视频、录音、音乐播放、全球定位导航系统、健康监测、闪光灯、计算器和计算机处理等设备。技术越来越接近最终理想结果（见图 4–5），技术创新的趋势也在不断加快，而且每一个创新或更新周期建立在前一个周期的最佳状态之上，进一步促进了反弹现象的发生。例如，今天的 iPad、iPhone 和 iPod，都是苹果公司的 iOS 系统产品，但是它们与 2001 年 10 月 23 日发布的第一款 iPod 几乎没有什么相似之处。

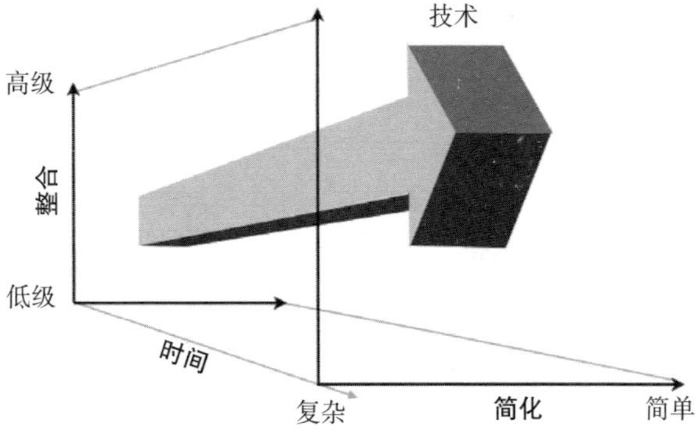

图 4–5　接近最终理想结果

托尼·法德尔在苹果公司担任产品设计师已有 10 年的时间，他带领团队创造了前 18 代 iPod 和 3 代 iPhone。也就是说 10 年间总共推出了 21 代设备。尽管许多 iPod 和 iPhone 设备外形没有太大变化，只是增加了技术含量，但是在这么短的时间内能做到这一点也是十分令人惊叹的了。

相反，微软推出新产品的周期历来都是 3~5 年。[19] 例如，2001 年底推出微软 XP 系统，2006 年推出 Vista 系统，2009 年推出

Windows 7，2012 年底推出 Windows 8。

虽然技术反弹的影响一直在不断增强，也在各个独特的世代之间搭建了新的桥梁，但是我们也不能认为每个人的身上都能体现出 Z 世代的特征。正如逆向教导中体现的，向新行为的转变需要文化因素的影响和推动。

其中一项挑战就是：如果你的同事已经成为 Z 世代的人（生来便是或自主选择），你如何将他们的影响放大，并帮助那些还未选择 Z 世代的人跳入一种新的生活方式？

这就是从财富到影响力的转变，这种转变影响了消费者的购买行为、政治运动和其他行动，这是自 20 世纪六七十年代以平权运动和反战运动为标志的前互联网时期以来最大的社会转变。我们将在下一章深入探讨。

付诸行动

向 Z 时代领袖学习

- 劳拉 · 卡斯滕森博士，斯坦福大学长寿研究中心负责人
- 约瑟夫 · 基布勒博士，威奇塔州立大学心理学教授助理、培训研究与应用认知工程实验室主任
- 比尔 · 格里本斯，本特利大学设计与可用性中心创始人、教授
- 米哈里 · 契克森米哈赖，克莱蒙研究大学心理学管理学教授

- 拉加特·帕哈里亚，球束公司执行总裁
- 托尼·法德尔，美国智能家居雀巢公司创始人、执行总裁

准备好进入95后的圈层了吗?

- 你在工作中使用的（或可能开发和交付的）技术，用户友好与非用户友好分别占多少比例?
- 你能想到曾参与过或接触过的技术反弹的例子吗?
- 有人认为年纪较大的人都是恐技术人群，因此他们从来不会真正掌握一门技术，你同意这种说法吗?
- 如果你创建消费主导型（而非业务性的）技术，你有多关注用户体验? 你聘请过用户体验领域的专家吗?
- 如果给你使用的技术（或产品）的简单方便性评分，1~10分（10为最高分），你会给几分?
- 你会经常发现自己在和使用的技术交流吗？（如果有开发、交付技术的话，请从用户角度回答。）
- 你会使用游戏化技术来吸引员工与用户吗?
- 你通过什么物品或服务能够使你（或者你的用户）更接近理想的最终结果的体验状态?
- 贵公司如何利用最终理想结果简化客户的使用体验? 是否利用其吸引新客户? 可能他们正在等你的下一次技术开发，以实现技术反超。

请在 TheGenZEffect.com 网站上回答完整问卷，测试是否准备好迎接Z时代效应。

5 第五章　财富影响力下降

过去影响一切，却决定不了任何事。

——亚当·菲利普斯

本章我们将会聚焦最重要，也许是最具争议性的Z世代话题——财富影响力的下降。首先，我们将讨论Z世代如何利用超连接将财富转化为网络与社区影响力，并创造出我们所谓的弹性影响力。之后通过心理学家罗伯特·西奥迪尼的说服六原则回顾以往关于影响力作用方式的研究。接着我们会关注营销中用到的说服机制，以及这种机制是如何因为Z世代由“请求媒体关注”转变为“赢得媒体关注”的，以及如何衡量这种“赢得媒体关注”的效果。我们也将探讨影响力在企业内部的作用，以及在吸引Z世代员工以及衡量他们绩效中所扮演的角色。最后，我们将看看大数据在理解Z世代行为中扮演的角色。

Z世代人口金字塔不断增高、拓展，逐渐变为摩天大楼的形状，在此过程中，我们关于世界运作的许多设想变得支离破碎。财富与影响力是我们最基本的两个框架，它们之间的关系正经历一场深刻变革。对大众的影响力一直是社会与商业运作方式的关键。然而，由于缺乏现代交通工具与沟通方式，在19世纪前影响力的作用十分有限。请注意，电报和蒸汽船也是直到19世纪初才出现的。这两种技术出现之后，随着铁路扩张、印刷媒体广泛发行和20世纪初无线电和电信技术的最终问世，影响力才变成一种可购买的商品，个人或团体通过它可以接触大众并形成舆论。

这为现在影响力的载体奠定了基础。在过去一个世纪里，影响力主要由大型媒体帝国掌握，它们一直是最富裕、最具影响力群体的扩音器。其中最早和最著名的一个例子当属威廉·鲁道夫·赫斯特（见图5–1），他在1887年从他的父亲手中接办了《旧金山考察家报》。（令人惊奇的是，该报的所有权是别人抵押给威廉父亲的赌债，如果不是这次略显随意的收购行为，威廉的事业成就和影响力可能不会发展至此。）

图5–1　威廉·鲁道夫·赫斯特（William Randolf Hearst）

注：赫斯特的广告模式在20世纪的最佳时期定义了付费媒体。

本照片由美国国会图书馆图片与照片部提供。

赫斯特将他的媒体帝国扩展到20多种报纸，受众人数达到美国人口的1/4。他在20世纪20年代将业务扩展至无线电行业，20世纪40年代将业务扩展至电视行业。据估计，赫斯特的净资产最高曾达到300亿美元，相当于比尔·盖茨现有资产的好几倍。事实上，从原始购买力角度看，赫斯特拥有相当于现在5万亿美元的财富，约为美国当前年度国内生产总值的1/3。赫斯特的年代是靠财富带动影响力，通过庞大且昂贵的分销网络，让媒体确确实实地到达大众手里。

如此大规模的印刷媒体批量运销极具革命性。从许多方面来讲，这种分销网络是一种早期超连接的初步模拟，需要广泛的资源和大量的资金将某个人的思想传播给大众。这样就形成了媒体沿用至今的基本商业模式：首先购买观众，再让广告商购买能够影响观众的机会，如此反复，影响力在这样的循环中不断加强。

然而，在影响力的再分配上，我们已经走过了相当漫长的道路：以前只有少数人才拥有相关内容及传播媒介，而现在有近10亿个网站，每天更新近4亿篇博客文章，使得社会再不会缺乏内容。媒体普及化是Z世代转变财富与影响力两者关系的基石之一。

影响力是一门科学

财富的力量十分容易理解，因为它的迹象和效果随处可见，大部分的日常信息轰炸都以此为基础。然而，虽然影响力仍然有些神秘，但其实对它的研究已经持续 30 年了（见图 5–2）。罗伯特·西奥迪尼博士是开启这一领域的先驱，被誉为“影响力之父”。他是亚利桑那州立大学心理学和市场营销学名誉教授，也是 1984 年出版的《影响力：说服心理学》的作者。这本书之后再版，改名为《影响力：科学与实践》；现在已是第五版，问世 30 年来共卖出超过 100 万册。

财富金字塔

世界上 1% 的人口拥有世界上 46% 的财富，影响力只有富人才有能力承担并归其所有。

影响力金字塔

世界上 50% 的人口拥有世界上 1% 的财富，但影响力可以通过努力获得，并通过社会运动得以加强。

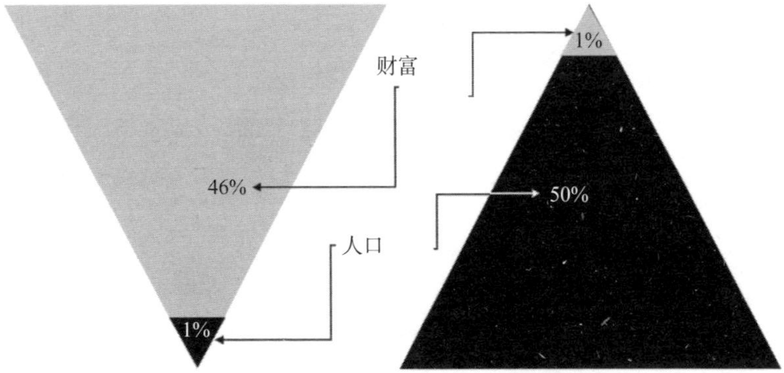

图 5–2　财富和影响力金字塔

注：世界上 1% 的人口竟然拥有世界上 46% 的财富，并且历来便拥有绝大部分的影响力，而世界上 50% 的人口仅拥有 1% 的财富。但是，假如这 50% 的人能够互相联系、协调合作，那么他们产生的影响力的绝对量级将从结构上改变企业和政府运作和决策的方式。

社会影响力一般与擅长说服的人联系在一起：市场营销人员、推销员和政治家。这些人特别善于触动我们的情感按钮，让我们在不知不觉间掏空了自己的钱包，甚至还不知道发生了什么。但是，这并不是西奥迪尼期望通过说服的概念达到的目的。他的观点强调道德说服力，可以对交谈双方都有所裨益。

西奥迪尼将影响力看作一门科学，这就将其带入了一个全新的层次，将说服和影响力的一致性凝练为六条原则——以真正的Z世代精神，对于任何年龄段、任何地理、任何文化背景的人都适用。[1]西奥迪尼的说服六原则共同形成了影响力的基础，在分析它们的同时须谨记，我们的重点是如何利用它们创造信任和团结的纽带。

互惠原则——人们总是回报他人的馈赠，比如收到免费的样品后会购买其产品。得到之前，先给予别人。

言行一致原则——如果一个人就某个目标做出口头承诺或书面承诺，他们更可能在“言行一致”的期待下努力兑现这个承诺，尤其是公开做出的承诺。例如宣誓忠诚，在公司会议上或面向互助组公开订立目标等。

社会认同原则——作为社会动物，人们倾向于模仿他人的行为。有这样一个试验，如果一个或者多个试验者望向天空，路人也会跟着望向天空，看这些人在看什么，结果越来越多的人盯着平淡无奇的天空看，这就是群体行为的力量。

权威原则——人们喜欢听从权威人士的意见。如病人不会质疑医生，因为害怕冒犯他们。广告中打扮成医生模样的演员显得“穿着非常得体”，白大褂和听诊器让那些演员看上去具有权威性。

好感原则——人们容易被喜欢的人说服，会因为彼此有共同点而相互喜欢。特百惠等公司的营销策略就是利用了这个原则。特百惠主要靠女性向她们的家人和朋友推销产品实现销售。脸书最初的活动也是点赞。这并非巧合，而是向志同道合的人迈出的一小步，他们喜欢相同的理念、政治观点、音乐或产品。

稀缺原则——被认为稀缺或供不应求的东西似乎更加值钱。限时折扣的广告往往有助于销售。不过，一直使用这种说服方式的公司和个人会发现这种“虚假的供不应求”最终会损害自身利益。

影响力分析和自动化营销

营销算法和实验性营销活动可以帮助我们更科学地认识影响力效应，并在说服技巧中发挥重要作用。基于对作用在每个潜在客户身上的影响力技巧的持续测试，销售人员能够利用这些技巧传递个性化信息。

在与其他公司，特别是消费领域公司合作的过程中，我们发现个性化是建立信任感最有力的工具之一。个性化带来的说服力对于买家和卖家而言都是合乎道德且十分珍贵的。公司可以评估人们对各条说服原则的反应，建立个人“说服档案”，通过网络和临场行为便捷地了解潜在客户。

阿尔扬·哈林是阿姆斯特丹“科学牛人”（Science Rockstars）公司的副总裁。该公司以西奥迪尼的说服六原则为基础建立和评估说服档案，他告诉我们：“有些人容易因为产品稀缺而被说服购买。举个例子，如果他们在逛书店时因为书籍供不应求而被说服购买，那么他们在网上订机票时也更容易因为机票供不应求而被说服。在其他方面也一样。这是一种稳定的性格特征。”

西奥迪尼的六条原则是对面对面销售、电话推销和传统营销的研究的总结。“科学牛人”将这些原则引入电子世界，建立数据驱动的说服档案，这些档案可以在线上应用，也可以线下应用。这对面向Z世代的营销有巨大的启示。在撰写本书时，说服建档还只在线上进行，但在零售商店里也有初步的尝试。这些测试向店内销售人员传递了说服档案信息，帮助他们认识到客户的反应是重复的，进而减少面对面销售时的摩擦。

举个例子。RetailNext是一家向布鲁明戴尔百货店（Bloomingdale's）、布鲁克斯东公司（Brookstone）和家庭美元百货（Family Dollar）等零售商提供大数据方案的公司，它利用65 000多个探测器（无线网、摄影机、销售网点系统、蓝牙和其他来源）收集到8亿多名消费者的行为评估数据。令人惊异的是，单次购物之旅平均能够产生上万个数据点，也就是说，RetailNext每年要分析8万亿个数据点。RetailNext的研发部副总裁乔治·肖说：

现在的零售商对针对实体销售的事实分析有巨大的需求。

> 我们与120个品牌和零售商合作，根据它们在店内观察到的顾客行为来提升员工队伍建设、商店布局、装置或营销活动。我们不单单考察顾客流量或销售数据，而且收集各种不同的数据源，找出其中的关联并进行分析，这就是RetailNext如此强大的原因。[2]

Z世代开始期待零售商对他们的行为有细致入微的了解并得到精确的结论，这样零售商就能为他们提供符合其需求、价值观和行为的消费体验。我们知道此刻你可能在想："等一下，这简直令人毛骨悚然！我为什么希望你知道如何成功地说服我？"正是从这一点上，我们需要用一种全新的方式看待影响力问题，抛弃这个词语以前隐含的操纵意味。

想象一下，假如你想买一台冰箱。你可以在网上或实体店选购。无论选择哪种渠道，零售商很容易运用西奥迪尼的说服原则让你的这次购物体验更有意义。零售商知道购买好友推荐的冰箱会让你最舒心（好感原则）；知道你在买大件商品时会犹豫不决，尤其当促销快结束或某一款商品要停产时更是举棋不定（稀缺原则）；知道你对支持当地社区发展的品牌感兴趣（互惠原则）；进而零售商能够引导你做出跟你的价值观一致的决定，让你感到心满意足。

而且，我们也预测到了你担忧的问题："我不希望零售商知道我的这些情况！"但是你的信用卡公司早就知道了。你的消费习惯数据是客观存在的，每次购物都会产生上万个数据点。我们缺少的是让数据变成有意义的关联。用这种方式记录人们的行为听起来像是操控，但是其目的并不是让你相信你需要一台冰箱——你本来就打算买冰箱——而是根据你所表现出来的行为模式找出最适合你的冰箱。

如果你也是Z世代中的一员，你会希望零售商充分了解你的需求和兴趣并且值得信赖。事实上，我们甚至认为由于太懒惰或者太不通世故而没有“拿下”你的零售商是不会被你信赖的，就像一个一直记不住你名字的本地商人或者在他那儿买过20加仑美式白漆（colonial white paint）却还是记不住你房子颜色的商家会让你感到失望。

影响力驱动的数字化营销将重心完全放在“基于证据的营销”和对长时期内有预测价值的数据的理解上。这与向广大观众播放同样的电视广告或A/B测试大不相同。这种面向大众的方法通常追求的是普遍趋势，这种趋势按照人口统计资料而非个体情况对受众进行分类，有效期较短。

试想一下，如果可以选择，你更愿意从谁那儿买东西？是认识多年、了解你的好恶、为了留住你努力了解你的人，还是向你兜售产品的陌生人？答案显而易见。

我们不必害怕自己的行为会被销售人员了解，更应担心的是被技术误解。不过，对技术的恐惧不是Z世代的人要在此讨论的问题，因为他们的生活早已因为技术而变得透明。

这种基于证据的营销方式看似新鲜，其实在很大程度上不过是回归到了克劳德·霍普金斯（Claude Hopkins）最初倡导的直接销售模式（向潜在顾客发送明信片和有针对性的邮件）。20 世纪 20 年代时他写道："部分广告获得科学地位的时代来临了。"他向超个性化、影响力驱动的营销致敬："我们必须具体到每一个人。我们必须像面对真人一样做广告。"这个理念已经产生了百年之久。只不过如今我们拥有了落实这种理念的技术。

另外，还有一点十分重要，从说服档案中发现的群体特征与年龄无关，再一次说明我们有必要打破按年代分类的操作模式。"科学牛人"的阿尔扬·哈林与我们分享了他在说服档案方面的工作经验："年龄就像邮政编码一样，没有什么预测价值。"到目前为止，他没有发现任何迹象表明人们对说服六原则的反应与某个年代特别相关。正如西奥迪尼所说，这些都是人们对影响信号的基本反应。相反，知道地址可以将邮件送到正确的地点，了解一个家庭的收入有助于了解他们可能需要的产品或服务，但是年龄数据本身并不表示人们会以特定方式回应某种营销或促销信息，他们对西奥迪尼说服六原则的反应与年龄无关。

基于影响力的营销和营销自动化还在起步阶段，关于各种力量如何与每个消费者相互作用的问题，销售人员还有很多要学习的。哈林建议，如果你有意使用这种方式营销，你应该将重点放在说服原则中的社会认同原则、权威原则和稀缺原则上。这几条原则是最容易执行和理解的。只要实际应用这些原则，就能让影响力为你所用。无论你用哪种方法建立说服档案，它都会成为影响力金字塔的塔尖。

免费媒体的崛起

关于影响力演变过程我们下一个需要了解的是 POEM 原则。这不是对营销力量的赞歌，而是对 Z 世代销售人员在如何影响潜在或现有客户方面的认知的肯定。POEM 是付费媒体（paid media）、自营媒体（owned media）和免费媒体（earned media）的统称。

付费媒体

现在，我们可以在网络平台上看到散发出病毒式传播影响力的优兔、推特等新媒体，以前，富人和大公司通过花钱购买影响力，最终成就了所谓的“付费媒体”。我们知道，电视和电台的商业广告、报纸和杂志广告、广告牌和横幅广告都是付费宣传。

过去两百年是大众传媒的时代，一个公司想要发展壮大，就必须为影响力付费。除了报纸、杂志、电视和电台，没有其他媒体可以为想要拥有市场影响力的公司提供大规模宣传渠道。像可口可乐、耐克、百事可乐、IBM、安海斯－布希、宝洁以及其他许多在市场上拥有巨大优势的品牌都是市场的长期参与者，拥有高额广告预算。事实上，宝洁在美国的广告预算达到了 30 亿美元，比 29 个国家一年的 GDP 还多，全球预算为 90 亿美元，超过了 50 个国家一年的 GDP。[3] 此外，宝洁透露，公司在美国的广告预算中大约 35% 用在了数字化营销上。正是这种密集轰炸式的广告让这些品牌在全球享有知名度。阿姆斯特丹通信研究学院的一项研究表明，即便是 2 岁的小孩一般也能在 12 个主要国际品牌中认出 8 个。[4]

这种认知让每个新公司都想拥有这样的品牌知名度，但显然无法在广告花费上同大公司竞争。你可能会想，几十年来，像可口可乐这样的品牌已经镌刻在了我们的集体记忆里，不需要付费广告也能维持生存，有必要花这个钱吗？任何一位美国广告业称职的广告总监都会说："当然！否则你的竞争对手会乘虚而入，迅速让你的品牌黯然失色。"

广告业的教父人物阿尔·里斯和杰克·特劳特于1981出版的《定位》一书堪称现代广告业的圣经。他们再三强调重复品牌口号是广告业主最好的武器，显然也是传统企业最有力的广告资源之一。

不过，你无法通过广告"占领"人的心智，尽管里斯和特劳特的观点恰恰相反。直到不久前，大量的广告依然是最好的，也是唯一的宣传途径。在没有更好选择的情况下，广告就成了每个想要打造自己品牌的公司的默认选项。要理解现在正在发生的从财富到影响力的转变，关键是要认识到付费媒体既有优势也有弱点。

如果你依然认为将品牌、产品和服务植入人们脑海中的唯一方法是依靠付费给媒体，那么企业就很可能会陷入困境，而你还浑然不觉。不管是广告牌、新闻稿、电视广告还是其他类似广告，所有媒体在影响力方面都有两方面的问题。首先，一旦你开始付费给媒体，就很难停下来，否则会造成品牌走向衰弱的印象。广告和营销战略研究公司 Ad–ology 在 2009 年经济萧条时期的一项研究表明，48% 的美国成年人认为广告减少意味着该企业陷入了困境。

我们的研究揭露了一个全新的现象。32 岁以下的人创办的品牌主要通过或者依赖社交媒体获得成功——试想一下优兔视频的病毒式传播效应。

我们并不是说付费式媒体正在衰落，我们想说的是如果你想要影响 Z 世代，就必须迎合他们的口味。他们认为，什么是重要的、什么是真实的这种问题应该由社群来决定，而非广告代理商，而你所创造的价值必须跟他们这种理念相符。这章稍后会探讨解放儿童组织是如何重视真实的对话和有价值的媒体，届时会再谈到这一点。

多芬推出的“真美运动”（Campaign for Beauty）产生了巨大的影响力，是迎合消费者理念的最佳案例之一。这项 2004 年推出的运动，提出了这样一个观点：我们（尤其是女人）在媒体的操控下，渴望拥有不可能达到的、不健康的美女形象，由此开启了一场对美和时尚的认知革命。然而，需要说明的一点是，这项运动是由奥美广告充满创造力的高薪团队发起的，属于付费宣传。不过，其中一些最好的广告只通过社交媒体传播，其制作预算极低，在庞大的品牌宣传链中可以忽略不计。

这次活动最有力的作品之一是优兔上的一个视频，名为“美的进化”。视频中一个年轻女子在层层化妆后变了个模样，加上灯光和特效，成了广告牌上的模特。这个视频以简单的黑底白字结束：“难怪我们对美的认知如此扭曲。”这个视频在优兔和电视及印刷媒体上都掀起了轩然大波，在各种渠道上播放量累计达 3 亿。而整个视频的预算不过 135 000 美元。要知道，这些钱连 4 秒的超级碗（Super Bowl）广告都买不到，这还没把制作成本计算在内。据多芬品牌所属公司联合利华估计，整个广告创造的效应相当于 15 亿美元的付费广告的效果。好处还不只这些，它的最佳效应在于与观众建立了联系，表明公司关心他们的价值观和面临的挑战。

付费式媒体的另一个问题是有干扰性，这对 Z 世代而言同样关键。例如，每隔一个小时就插入 18~20 分钟的商业广告，打断你最喜欢的节目：弹出式广告让你无法阅读后面的内容，“插播”广告的广告页面中断了正常的超连接，你必须先观看广告才能继续。对于想要打动 Z 世代的公司而言，这些都是死神之吻。

不过这正是关键所在。如果你给出一个与观众的说服档案相符的广告，比如一个量身定做的、对观众而言有实际意义的广告，就能立马从广告宣传变成影响力传播，赢得免费媒体这个圣杯。但是，我们在讨论免费媒体以前，还要探讨一个过渡阶段：自营媒体。

自营媒体

通过自营媒体，你能做的不仅是不断重复品牌口号、广告词或者相同的广告和信息，而且还创造了社群自有的品牌宣传体验、网站、社交媒体宣传、手机应用程序或者零售商店。苹果体验店就是一个自营媒体的极好例子。体验店在提供苹果品牌体验的同时还提供了以顾客为中心的体验空间和高密度的工作人员。

然而，拥有实体店并不一定意味着你在创造体验。苹果 2001 年在弗吉尼亚的泰森角购物中心开第一家体验店时，媒体痛斥其滥用苹果资源。但是乔布斯知道创造沉浸式用户体验是有价值的，能够在苹果用户社群中再掀热潮。如今，苹果在全球有400多家商店，其中美国有250家，而且每年以10%的速度增加。相较而言，索尼在2004年开了第一家零售店，日前宣布将关闭在美国仅存的31家零售店中的20家。

同样的自营媒体原则也适用于网络世界，公司也纷纷在网上创造品牌体验。例如，多力多滋（Doritos）建立了脸书专页和一个小型网站来推广“英勇使命”系列产品，并为其超级碗广告征集想法。公司让消费者参与到“使命”中，展现他们对品牌的忠诚度。还有蒂芙尼（Tiffany）建立的“真爱故事”网站，消费者可以在上面与其他顾客分享他们的订婚和结婚故事。

然而，启动和经营自营媒体及围绕自营媒体而建的体验成本高昂。与之前多芬的“真美运动”不同，这些宣传通常以高成本和高投入的付费宣传活动为补充。此外，自营媒体主要针对具有某种人口统计特征的人群，包括年龄特征。这意味着这些宣传很难在各个年龄段的人之间传播，如果要在各个年代的人之间传播则需要更高的成本。例外的情况少之又少，但都很重要，需要了解。

比如，苹果和宜家的商店在面向各类人群的销售上树立了榜样。走进任何一家苹果专卖店，你可能会发现4~80岁的人都乐在其中。通过简单化的技术将几代人吸引过来，是Z时代效应的最佳体现。

你可能听到有人讽刺说，这类共享社群体验像邪教般狂热。这听起来很有趣，但是除了拥有苹果的技术，成为苹果的用户还有更重要的意义：苹果用户拥有一种同属一个志趣相投的团体的归属感。这也是为什么我们的最后一个分类——免费媒体，对于Z世代人如此重要。

免费媒体

对于Z世代人而言，影响力浪潮的浪尖是免费媒体——类似于办公室或街头闲谈的网络版。如果能够（我们相信绝对可以）发掘免费媒体的力量，公司原本依赖付费或自营媒体来购买市场注意力的模式会彻底转变。公司如果有了“街头信誉”（street cred）[①]，就不必再花钱购买关注了。这种市场尊重带来的需求会增加公司的影响力，加上消费者和粉丝的信任作为基础，公司将得以发展壮大。

上一代人没有能力像Z世代这样形成社群并影响社会行为。全球零售营销协会的主席和首席执行官斯蒂芬妮·费舍尔（Stephanie Fischer）说得很好：“意义是新财富。这些年轻人真正关心企业的发展，你必须得有能力做他们觉得有意义的事。他们对彼此的影响力比以前的任何一代人都更强，因为他们总是保持联系。如果你是一个商人，而且与这一代人保持深层次的关系，他们会成为你最好的品牌代言人和销售人员。”

---

① 街头信誉指在穿着打扮的时髦性方面被广大青少年所认同。——编者注

反之，我们还要加上一条，如果你跟他们相处得不好，他们可能成为你的噩梦。老一辈人可以选择公开反对或抵制一个产品或公司——甚至一个政府——但是前提是他们能够成功地获得媒体的帮助和支持。Z 世代人不需要赢得媒体把关人的支持，作为一个紧密联系的社群，他们有足够的能力和影响力对公司甚至政府造成严重的破坏。

解放儿童组织是紧密联系的社群获得成功的例子之一。解放儿童组织是一个非营利性的国际组织，它的使命是创造一个让所有年轻人自由发挥潜能的世界，让年轻人成为改变世界的力量。在不到 20 年的时间里，解放儿童组织已经拥有了巨大的全球影响力，吸引了 230 万名 12~18 岁的年轻会员，他们来自 45 个国家。这个组织建立了 650 所学校，输送了价值超过 1600 万美元的医疗用品，为 100 万人提供清洁饮用水、医疗和卫生服务，而且没有在付费宣传上花过一分钱。

这个组织背后的故事是 Z 世代人创造的，虽然其成就如此振奋人心，但你可能从来没有听说过这个组织。克雷格 · 柯伯格（Craig Kielburger）1995 年创办了解放儿童组织，当时他只有 12 岁。据克雷格说，某天早上他在翻阅《多伦多星报》（*Toronto Star*）找漫画专栏时，偶然看到一篇文章，引起了他的注意。文章讲述了一个勇敢的男孩的故事，男孩名为伊克巴尔 · 马西（Iqbal Masih），与他同龄，出生于南亚国家，4 岁时被卖为奴隶，之后的整整 6 年被拴在一个织地毯的织机上。重获自由后，他为儿童权利发声，吸引了全世界的注意，同时也引起了靠奴役欠债人赚钱的人的注意，他们想让他闭嘴。12 岁时，伊克巴尔为捍卫儿童权利失去了生命。

柯伯格被伊克巴尔的故事深深打动了，他召集了一群七年级的同学，其中包括他的弟弟马克，创办了解放儿童组织。我们与马克进行了交谈，他从世界上最具影响力的非营利组织的独特视角，与我们分享了他所观察到的发生在 Z 世代人身上的巨大转变：

> 现在的孩子比以前任何时候都更群体化了，但是他们的社群不再局限于某个地区，而是全球性的。他们具有全球意识和国际视野。
>
> 我们在与年轻人互动和交往时发现了非常有趣的一点，社群可能是他们最重要的身份标志。
>
> 比起老一辈，社群对于年轻人而言重要得多，也有意义得多；社群给他们归属感、目标感、意义和接受感。当然，年轻人的社群主要在网上。年轻人特别支持他们决定归属的社群。他们喜欢自己做决定而不是把决定强加给他们。

除了 Z 世代人生来就有的关联性，很显然社群就是他们生命的中心部分。这不是说某种形式的社群时刻都很重要，然而，Z 世代的不同之处在于，社群是他们有意识的内心选择，而不是外界强加给他们的，而且他们在不断形成更大的全球社群。不过对于生来就是 Z 世代的人来说，更为透明和相互关联的文化是默认条件，至少在他们儿童时期，“有意识的”选择这种说法具有争议性。

马克还谈到了影响力的话题，他认可我们前文阐述的影响力正从 Z 世代年轻人传播开来的观点。

> 首先，现在的孩子比老一辈感觉更有力量。他们知道自己不必等到 18 岁有投票权时才能展现影响力，他们知道自己当下就能展现影响力。
>
> 其次，宣传不再是简单的营销，而是成为他们所属社群的一分子，这样才能就某个品牌或品牌的价值观与他们展开对话。
>
> 最后，年轻人还有影响父母的能力。这一点很重要，因为他们更精通技术，更博学，更愿意发声，也更有力量。

Z 世代对父母的影响力是任何一代都比不上的，这让马克十分激动。他认为不管公司想要影响哪个年龄段的消费者，了解这一点都十分重要。

> 孩子和他们的父母处在平等的竞争环境中，因为他们有获取信息和技术的渠道，他们甚至比父母更了解技术。我觉得父母实际上总是遵从孩子的意见，因为孩子知道的东西，父母可能并不知道。
>
> 因此，如果我为汽车公司评估广告对消费者的影响力，我会选择向十几岁的女孩们推销，让她们怂恿父母购买混合动力

汽车，而不是向他们的父母推销。如果她们说："爸爸妈妈，你们不关心我未来生活的世界吗？"这句话的影响力比我所能做的大多了。

我们请柯伯格谈谈与他合作过的孩子对忠诚的看法，他谈到与Z世代发展信任关系时最重要的几点：

传统的忠诚概念已经消失，我们要特别关注的问题是：如何才能在与这一代人目标一致的基础上建立相互理解的关系。

因为如果品牌的宣传方式不是真心诚意——我必须强调"真心诚意"十分重要——没有触及这一代人关心的目标、问题、运动等，或者与社群价值观不一致，那么他们会转而投向真心诚意的品牌。

我们总跟年轻人（解放儿童组织的志愿者和成员）说："你每天都在用你的钱包而非选票投票。"他们都懂我们的意思。但我觉得很多品牌依然不懂。

我们现在有世界上最大的脸书社群。因为我们认识到年轻人之间真诚对话的力量。

这种间接的影响力指标在其他领域也同样适用。举个例子，我们与很多公益创投领域的大型基金会合作过，尤其是医疗方面的基金会，它们会根据最终疗效来衡量投资的影响力。如果想要治疗某种类型的癌症、老年性痴呆或多发性硬化症，那么很难为投资找到影响力的中间点。你要么创造一种有效的治疗方法，要么一无所有；在不能产生长期效益的成果的研究上投资是得不到回报的。

然而，对于以营利为目的的企业来说，衡量中间成果的能力决定了其营销影响力的效果。尽管网络已经诞生了 45 年，但是衡量和利用网络影响力的做法在 25 年前才随着网络和社交应用的兴起而出现。影响力评估成为从财富转变到影响力最主要的驱动力之一，因为它提供了一些机制，能够精确地鉴定所有影响因子的影响力大小。

免费影响力

向免费影响力转变的核心是如今我们能够追踪在人群中传播的影响力。以商业影响力评估为营业模式的最著名的公司是谷歌，一个市值仅次于苹果公司，却高于可口可乐的世界著名品牌。[5]

尽管谷歌早期的主业被拆分得面目全非，但有一种设计延续至今。这是一种十分简单的技术——谷歌的页面排序功能（PageRank），这项技术是颠覆影响力评估方式的关键。PageRank 在评估某个网站或网页的影响力后，将“最优”的搜索结果置顶。这种特殊的方式只有在互联网时代才能实现。

谷歌将影响者表达其思想、观念、业务、商品或服务等内容的网点（网站和网页间的超连接）与搜索这些内容的人连接起来，开辟了一个全新的影响力领域，无意间颠倒了财富金字塔。这种颠倒让有天赋或者有能力创造这些内容的人充满力量，触达他们的思想以及内心深处的欲望和渴望，使他们超越了竞争对手。这些竞争对手虽然比他们更富有，但仍习惯于高成本低回报的传统付费方式。

事实上，谷歌早期甚至不允许付费广告出现在其网站上，因为谷歌相信财富已经不再像过去那样强大到可以腐蚀其核心使命——搜集全球信息。显然，谷歌后来改变了在付费广告上的立场，如今谷歌 400 亿美元的年收入中有 97% 来自付费广告。

不过，即便是谷歌的付费广告（AdWords）模式也能明确识别有影响力的广告。“最好的”广告（点击最多的广告）比点击少的广告成本更低。AdWords 头条的广告费按平均点击次数算的话比位置靠后的广告费用低得多。对此有些人会感到奇怪。这是因为你的广告越有效，也就是点击量越高，那么它与浏览者的联系度也越高。谷歌也认可这一点，所以广告的排名与客户愿意支付的价格无关。与完全按出价高低给广告排序的序曲搜索引擎（Overture）、雅虎之前的付费广告模式以及大部分竞争对手的竞价模型不同，AdWords 奖励那些懂得这个道理的人：能够影响人们行为的广告对广告客户和搜索者都有利。

谷歌这个典型例子说明从付费媒体转向免费媒体的道路不是一场零和博弈，两者并非竞争关系。在传统媒体时代，广告和社论并驾齐驱，相互促进。谷歌的搜索结果也是如此。区别在于，谷歌搜索的量级更大，每个人都可以撰写、记录、说出或表现任何他们希望谷歌添加索引的内容，要求谷歌根据内容的价值而非预算的大小显示搜索结果。[6]

谷歌在这个领域的成功很大程度上是因为销售人员可以向谷歌订购服务，轻松追踪到消费者从浏览在线广告到购买该产品的路径，然后评估付费广告的影响力。正因为如此，亚马逊每年花费 5500 万美元在 AdWords 上做广告。[7] 也正是因为如此，当你搜索“自由职业者医疗保险”这个关键词时，就会出现州立农业保险公司的广告，你每点击一次这个广告，该公司就要支付 43 美元。顺便说一句，43 美元这个价格不是谷歌制定的，而是由竞价机制决定的，这个机制让广告客户相互竞争，根据关键词的搜索量来决定价格。竞价模型颠覆了付费媒体，从此不再由媒体设定广告价格，而是由广告客户决定。

而电视、电台、杂志和报纸等传统媒体坚持认为基于观众和订阅数量评出的受欢迎等级依然代表着市场需求和覆盖范围。相对在线广告和销售的直线连接，传统媒体的方式相当原始。这给宝洁等大公司造成了巨大压力，它们在评估传统广告投资的价值和回报时需要更为精确。

要说明的是，这些公司也利用复杂的营销组合模型来追踪其广告，评估营销活动的每一个细节及其与产品销量的关系。这些传统的实验评估方法——不管应用了多么复杂的科学方法——和我们正转向的行为影响力模型之间的差别巨大，前者像戴上耳塞打保龄球，再关上灯通过红外视频观察自己的表现，后者就像直接打开灯观看和听取即时结果。

现在你可能意识到我们在这章开头提到的力量转变不仅仅是从付费媒体到免费媒体，或者从线下宣传到线上宣传的转变，而是将影响力从黑暗之中解放出来，影响力的作用因而得以展现。

新兴媒体公司 Upworthy 就是这种透明化的例子。它自称能创造“有目的的病毒式传播”，自 2012 年成立以来，从零开始迅速发展到巅峰，2013 年 11 月的单月访问量高达 8 800 万次。[8] 这个网站的目标是推动物质导向向社会利益转变。

Upworthy 的成长并非偶然。Upworthy 的三个联合创始人分别是伊莱·帕里泽（来自一个进步的社会运动网站 MoveOn）、彼得·科奇利（老牌讽刺新闻网站“洋葱”的执行编辑）和克里斯·休斯（脸书的创始人之一，他最著名的头衔或许是 2008 年奥巴马总统竞选活动的在线组织主管，这也是第一次真正意义上利用社交媒体力量的总统竞选）。简而言之，这些人非常了解网民的力量，知道如何影响网民来点击、观看和分享内容。他们知道自己在寻找什么样的人、如何找到这些人、如何刺激他们以及如何让他们为视频投票——人们很少为视频投票，所以这项任务十分艰巨。他们知道社交媒体在激发社会认同上的力量，知道投其所好对 Upworthy 网站的建立影响巨大。

Upworthy 用耸人听闻的标题吸引访客，如“你绝不会相信……”或者“这个女人干了（某事），你绝对想不到接下来发生的事”，加上精心选取的内容，如非原创的图片和视频，作为引述或强调。这些相对简单的概念看起来似乎没什么用，但是网站的成长和影响力却不容否认。

Upworthy 能否获得长期的成功还有待观察，不过它用不到两年的时间从一个概念发展成为 40 个访问量最高的网站之一，表明创始人对大众的行为有深刻的理解。因此，在本书写作之时，Upworthy 已经成为互联网史上发展最快的媒体。

即时反馈机制

组织机构应该让 Z 世代人参与组织的建设和发展，而不只是雇用他们，要为他们提供与以往世代不一样的反馈机制。随着社会变化的速度越来越快，反馈机制已经成为非常重要的成功因素。

大部分人在工作中最厌恶的就是员工绩效考核制度，这可能是雇佣关系中最不合时宜的一项制度。长期研究表明，Z 世代认为应该重新考量年度考核制度。这在接下来的讨论中提示我们：在提高绩效考核的过程中加入游戏机制——我们在第四章中已经讨论过——以作为对职员、经理和更广泛的网络参与者之间的微型评估。

吉图 · 帕特尔是云存储创业公司 Syncplicity 的总裁兼首席执行官。Syncplicity 是易安信（EMC）旗下的一家公司，位于硅谷。该公司在 2013 年实现了超高速发展，同时也面临着艰巨的挑战：要在高端人才争夺激烈的地方依靠行业里最聪明的头脑成立企业是一项非常艰难的事。帕特尔告诉我们，与 Z 世代合作意味着改变我们看待一些基本问题的固定模式。首当其冲的就是陈旧的年度考核制度。他给我们举例说明了要留住 Z 世代人才应避免的做法。

> 从基础层面上讲，大公司的运营方式以及提供的反馈非常缺乏即时性。这些孩子习惯于持续的实时反馈。如果没有收到反馈，他们会认为该模式出现了根本性问题。
>
> 假设我们雇用了一个名叫托妮的人（Z 世代人），将她置于一个缺乏即时反馈的机制中，比如年度绩效考核。经理对托妮 9 个月之前的工作进行反馈，指点她如何才能做得更好。托妮的第一反应会是为什么经理当时不告诉她。
>
> 这和好莱坞的情形很像，电影是否成功取决于上映最初几天的评级，而不是一年后的票房收入。
>
> 这种行为方式开始逆向影响到上一辈人，让我们不得不改变提供反馈和认人识人的模式。

帕特尔所描述的现象并非只发生在 Syncplicity，他还发现，这种现象也并非只发生在 95 后身上，事实上，各个年龄段的职员都欢迎更优质、更频繁的专业反馈。直到不久之前，Syncplicity 才有了一个有效的可量化模型，为从事脑力劳动的员工提供当日或当周的反馈。工厂或生产环节通常会有专门的标准，并按照此标准提供关于质量、体积、产量或其他可测量指标的实时反馈。而作为脑力劳动者，理所当然地认为这些标准没有意义。相反，他们依赖于以大量的回顾性分析为基础的定期评审。尽管他们的工作量可以用销售额或其他数字衡量，但除了硬性数据，他们的绩效反馈还有很多其他指标，如关系建设、团队合作、管理他人、态度和职业成长等。我们习惯性地认为这些东西只能通过主观的年度或半年制绩效考核来衡量。这不是Z世代人喜欢的工作方式，他们会期待即时反馈，就像游戏和社交方式一样。如果你的脸书推文一个“赞”都没得到，只能说你的推文太糟糕了，跟主观判断没什么关系。

丹尼尔·德鲍是Work.com的高级副总裁，该网站为脑力劳动者提供持续的实时反馈，其前身是德鲍于2008年与他人一起创办的社交软件Rypple。2011年，Rypple被电脑公司Salesforce.com收购。

> 我们创办Rypple的初衷是关注非人力资源部门的工作人员每天的日常工作，以便对团队进行常规管理和训练。我们关注如何能让他们用较短的时间实现更加高效和轻松的管理，而不是依赖一年一度的年度绩效考核。
>
> 我们的理念是信任员工，而且员工希望得到反馈。他们愿意接受训练，想学习，想发展自我。传统的年度绩效考核通常使员工感到恐惧，这样一来效果大打折扣，因此必须寻找更好的方法。
>
> 这就好比看牙医。如果你每年只看一次牙医，平时从不使用牙线或者从不刷牙，那么看牙医就没有什么乐趣可言，只会让你感到害怕。这与绩效考核是一样的。如果你平时坚持使用

牙线、坚持刷牙，做好日常保养，检查时会发现牙齿状态非常好——这个道理是相通的。

Work.com 采用了多种游戏机制，比如目标进度指示，表明获得经验、专业或技能等级的勋章等。这个系统引入了类似脸书或领英的社会评论和反馈功能，但在这里是员工和经理对完成得好的工作做出公开反馈，或者鼓励大家一起努力完成定下的目标。

因此，Rypple 最早的客户自然是一些技术领域的新兴公司，但是之后其客户拓展到了技术领域之外。德鲍说：

> 脸书是我们产品开发的大客户，合作时间较早，另外还有摩斯拉公司和领英。他们之前一直在问："我们如何管理未来的员工？因为他们现在就在公司，在我们的办公室里。"
>
> 硅谷就像是煤矿里飞出的一只文化金丝雀，因为那里的所有技术五年后会普及全世界。如今有数千家公司使用我们的系统，包括硅谷以外的公司。
>
> 更重要的是，像家得宝公司和 1-800-Flowers（鲜花礼品销售网）这样更传统的主流公司也到了转变的紧要关头，这或许能成为它们管理员工和调动员工积极性的下一步选择。

Work.com 的模式其实是行为管理而并非一项技术。如果希望 Z 世代人有更好的表现，德鲍建议重新定义经理这个角色，尤其是中层管理者，他们通常被视为传统等级制企业的问题之一。这些经理可以成为领头人，确保企业定期完成自身所需的转变。德鲍认为：

> 如果一个公司要尽快推行新的行为模式，那么它必须说："我们需要经理参与到这些行为中。我们需要这些行为在公司中反复、持续、大规模地发生。我们需要所有人有效地参与进来。我们需要有人能够经常与员工探讨生活、事业和工作中遇到的问题。我们需要员工与公司目标一致，同时兼顾自身所需。"
>
> 这些是让人参与的简单的行为。这里说的"简单"指的是真的很简单的事情，比如"我们希望你在看到别人出色完成工作时要表达感谢"，科学证明，这样可以有效加强企业需要的行为。"我们希望销售经理指导员工，而不是打击员工。"对行为数据的分析也证明，好的指导方式更有利于打造优秀的销售团队。

顺便说一句，正如Rypple公司联合首席执行官德鲍所说，并非只有年轻人才希望受到指导。**Z时代效应的一个重要前提就是，你可以出生于Z世代，也可以通过态度和行为选择成为Z世代的一员，因为这终将构成人类行为的新面貌。**德鲍说：

> 首先，毫无疑问，年轻人是理解我们的，不过年长者通常都对此表示怀疑。现在已经过了6年，持怀疑态度的人少得多

了，这正是人们接受新生事物的本质方式。有大量实际数据证明，几乎每个行业领域里，都有企业正在采用我们这种方法且颇有成效，在更有效且更频繁的销售团队指导下，企业销售业绩有了显著提升。

传统的"雇员—经理"反馈模式容易造成公司管理脱节，Work.com并非唯一一家看出这个问题的公司。我们还采访了调查分析公司Survey Analytics总裁维韦克·巴斯卡兰，他于2014年年初推出了以收集员工反馈为主的新产品FlashLet。Survey Analytics是一家以云计算为基础的公司，多年来一直为客户提供各种在线调查服务，但这还是它首次为获取更有价值的员工反馈而专门开发应用软件。

巴斯卡兰对"反馈"的理解和德鲍相同：反馈必须是一个持续的过程。他还采用新方法，创建了一个能够定期测量机构运行状况的系统，以获取员工的满意度。他说：

> 不过，获取反馈还面临一些难题。我们努力提高反馈的频率，但频率通常与深度成反比。我们不可能要求员工每星期都花20分钟来提供反馈，他们总是会找各种借口逃避这件事。或者，可以让他们每季度或每半年做一次20分钟的反馈，但得到的数据却早已过时。

我们询问了巴斯卡兰对"360度评估法"的看法。这种方法非常流行，主要是让员工为彼此做出详细反馈，为员工提供同事对自己的全面看法。多年来，很多企业都采用这样的做法。他告诉我们："员工不希望公司继续使用360度评估法。我们做过相关讨论，大家都认为，对当前人员快速流动的企业来说，这种方法基本没有用处。员工更替太过频繁，因此他们的问题也在不断发生变化。"

那么，巴斯卡兰有什么解决的方法呢？

我认为，可以让员工每星期花一分钟完成一个反馈问题。就像他们在脸书上点赞一样。这看似一件无关紧要的小事，但随着时间的推移，收集的数据也会庞大到令人吃惊。这样或许得不到大量深度数据，但收集到的广泛数据也是非常有价值的，而且都是实时数据。

因此我建议每周做一次"检测"调查。这就像你觉得身体不舒服去看医生一样。不管是什么症状，医生总要做些常规检查，比如量体温。仅凭体温并不能说明什么，除非你的免疫系统或自我调节能力出现问题。这样一种症状、一项指标，就是每周检测调查的目的。调查结果会反映出问题。这种反馈方法必须简单省时，且任何人都能完成。

员工参与是重中之重，尤其是Z世代员工。如果他们没有参与——或者没有感觉自己参与——那么员工再聪明也没有用。

如果你认为员工参与度是企业生存的关键，那么当务之急就是设定衡量员工参与度和满意度的基准线。

让Z世代人总结过去一年的工作，难度堪比要求他们开车要看后视镜。他们希望得到即时反馈，我想这是为了适应现在的世界，如今，实时管理是成功应对挑战和把握机遇的唯一途径。

谷歌员工可以通过公司“向上反馈调查”（UFSs）这一特定渠道进行反馈，采用填写问卷的形式评价直属经理。调查结果呈现给直属经理的上司。在这种管理结构相对扁平化的公司中，可以通过上下级流动调查的方式收集员工反馈。这个项目一开始被称为“氧气项目”（Project Oxygen），目的是回答下面这个问题：“经理重要吗？”

“氧气项目”对优秀管理者的定义主要包括8种行为：[9]

1. 是一名优秀指导员。
2. 授权团队，不过度管理。
3. 关心团队成员的成功和个人发展。
4. 做事有成效，注重结果。
5. 善于沟通交流——懂得听取和分享信息。
6. 能为事业发展提供帮助。
7. 对团队运作有长远构想和清晰策略。
8. 掌握指导团队的关键技巧。

这种反馈能表明管理者是否积极参与了团队管理。通过向直属经理的上司提供反馈，普通员工便有了参与公司运作管理的机会。

这些措施被应用于谷歌公司的所有部门。随着时间的推移，谷歌就能够了解到更广泛的人事管理质量情况，包括管理人员自身的绩效状况。这种方法将团队和公司视为整体进行衡量，而非仅限于员工个人层面的评估。不过在许多企业当中，个人评估仍是唯一方式。明晰的管理人员评价模式也能提高员工对经理的满意度。这一模式已成为谷歌内部人员管理策略的基本组成部分。虽然原始数据本身并不能确保培养优秀管理者，但是数据和文化环境能够提供反馈以改善不足，而不是根据反馈施加惩罚。这意味着再也不会出现“秃头老板”综合征（老板并不知道自己对团队产生了负面影响）。

这种评估管理和团队情况的方式是倒金字塔管理模式的又一示范案例。传统的人力资源部门通常只是企业的“服从”部门，确保员工完成老板交代的任务。Z 世代颠覆了这种模式，促使管理者为自己的团队负责，并以反馈为据，纠正管理者的各种行为。

在传统等级制度中，人们往往被动地接任管理职位，即便他们对此不感兴趣、没有天赋或未受培训——这是“彼得原理”（Peter Principle）[①] 的惯常结果，该原理假设所有员工都上升到自己所不能胜任的位置。这是财富金字塔的另一种危险，即职业生涯进步的唯

① 彼得原理是美国学者劳伦斯·彼得在对组织中人员晋升的相关现象研究后得出的一个结论：在各组织中，由于习惯于把某个等级上称职的人员晋升提拔，因而雇员总是趋向于被晋升到其不称职的位置上。——编者注

一通道就是进入你可能不想进入的领域，或被动接受不适合自己的职位。

而高管猎头公司光辉国际（Korn/Ferry International）总裁盖瑞·贝尼森（Gary Burnison）认为：如果你不学会适应目前的工作，就有可能成为Z世代版的彼得原理的牺牲品。

> 彼得原理断言员工定会晋升到自己不能胜任的职位，现在这个原理已经有所变化。员工不是因为晋升才无法胜任职位。如果停止成长、无法适应或没有发展，他们连当前的职位都无法胜任。**如果拒绝进步和学习，你将无法做好自己的工作。如果你的进步和学习速度比工作变化速度快，老板就会时刻需要你了。**[10]

大群体意味着大数据

从财富到影响力的转变过程的最后一步与社会互动所创造的海量信息有关。这在后来被称为大数据，大数据将会用我们刚刚理解的方式揭示Z世代人的行为。

大数据能够帮助理解人的行为，发现被层层掩盖的影响力。对我们绝大多数人来说，大数据是无形的。但作为消费者，我们看到的广告和促销活动往往是大数据的结果。例如，根据我们在网络上的其他行为，符合我们的购买偏好和兴趣的广告会显示在访问页面上。支持这些目标信息的技术是影响力最重要的方面之一，因为如果用它来衡量影响力的大小，那么我们之前的几乎所有讨论都要以它为基础来促进对人类行为的深度理解。

劳氏模式：行为周期

凯文·戴维斯是劳氏公司前任企业业务情报总监。这家主营家居装修的《财富》100 强公司成立于 1946 年，拥有超过 1 800 家门店和 26 万名员工，每星期为约 15 万名客户提供服务。对于通过分析数据理解客户行为的转变，戴维斯是这样描述的：

> 如果只看采购数据，你可以看到人们的消费活动。你会看到感恩节一到，人们就会买东西，或者一发传单，购物量便会增加。而你的所见仅仅只是滞后效应。
>
> 但是，如果你从行为数据看起，尤其是那些与消费无关的信息，比如客户是逛商店还是上网，或者他们处于生活或采购周期的哪个阶段，这些数据可以描绘出一幅完全不一样的画面。

我们近年来一直在捕捉行为数据，如何让这些资源变得有价值一直是我们面临的巨大挑战。很多公司只是将客户行为数据输入一个连贯的结构，这样就可以分析数据了。对此，戴维斯是这样描述的：

我记得2006年在劳氏的时候，消费者研究团队共有五名成员：一名统计员、一名主管和三名分析师。他们80%的工作是数据采集和数据准备，这样才可以有效整合数据。对我来说，大数据实现了数据自动收集和准备的技术进步，因此我们可以深入挖掘，把时间花在数据分析而非数据准备上。

那么，大数据又是如何推动事物发展的呢？现在你也可以向人们分析解释不同的购物模式。在劳氏，我们其实做的是消费者购买行为的网上人类学研究。

我们研究消费者的行为、讨论、博客、推特、脸书动态和吉米·约翰逊（劳氏赞助者、美国纳斯卡赛车手）粉丝俱乐部；人们在任何时候提及“劳氏”或“劳氏购物”，我们都会标记跟踪，以弄清客户的行为动机。我们称此为网上人类学。我们把所有信息集中起来，提出一个问题：“这些行为数据能告诉我们什么？”我们从这些数据中发现，劳氏的消费者有特定的采购模式，包括7个独立阶段。

为什么这对我们很重要？因为我们可以确定在第二阶段和第三阶段之间，有33%的消费者往往因为没有足够预算而放弃购物。那么，也许我们可以对其采取激励措施，帮助他们克服这一困难。

行为定向技巧可以增加（劳氏）购买量，事实上也带来了更优良的全面消费体验。

劳氏公司发现，大数据使我们能够从个体层面上理解大众行为，打破了我们之前对人们购物方式和原因的许多假设。

个人行为分析

这种从财富到影响力的转变会走向何方呢？毋庸置疑，这种转变正在使社会变得更加透明。身在其中，我们的行为也不断被挖掘和分析。对于习惯保留隐私的我们来说，这是非常可怕的趋势。人们担心被透明化，却没有看到它的意义，其实透明蕴含着深层且通常被忽略的价值，那就是拥有更大的影响力，也就是拥有更强大的能力。它能够改变现状，能够影响各类组织机构的全球发展重点和计划的制订，包括私人企业、非营利性企业和政府等。

其中最令人惊讶且前景最乐观的，便是对现有的教育模式和制度的挑战。谁来教，谁来学？何时学，在哪学，如何学？我们以前都知道如何回答，但现在这些问题的答案不再像从前一样清晰。

Z 世代人正在重新思考学习制度甚至学习过程。很多目前正在参与改变学习方式的人不见得就是参与学习的人，有些是无意中参与进来的。

在下一章中，我们将了解到“学习无处不在”——在世界的每个角落——如何影响行为，不仅影响了学校教育，还影响市场营销、销售、招聘和人才保留。

付诸行动

向Z时代领袖学习

- 凯文·戴维斯，劳氏公司前任业务情报总监
- 罗伯特·西奥迪尼博士，亚利桑那州立大学心理学和市场营销学名誉教授
- 阿尔扬·哈林，“科学牛人”的市场营销副总裁
- 乔治·肖，实体零售店营销分析服务商 RetailNext 研发部副总裁
- A. G. 雷富礼，宝洁公司董事长、首席执行官
- 多芬的“真美运动”
- 苹果商店
- 宜家
- 多力多滋“英勇使命”活动
- 蒂芙尼“真爱故事”活动
- 克雷格·柯伯格和马克·柯伯格，解放儿童组织
- 谷歌的网页排名和关键词竞价广告
- 资讯网站 Upworthy 及其联合创始人伊莱·帕里泽、彼得·科奇利和克里斯·休斯
- 吉图·帕特尔，云存储创业公司 Syncplicity 总裁兼首席执行官
- 丹尼尔·德鲍，Work.com 高级副总裁
- 维韦克·巴斯卡兰，调查分析公司 Survey Analytics 总裁
- 谷歌及其向上反馈调查制度

准备好进入 95 后的圈层了吗？

- 贵公司正在重新认识影响力金字塔这一概念吗？未来 5~10 年，你会用什么方法增加对影响力的关注？你认为这将如何改变市场营销和销售？
- 目前，你的职业生涯依赖于财富金字塔还是影响力金字塔？如果更依赖影响力金字塔，你对自己未来 5~10 年的职业生涯有何展望？
- 贵公司是否使用 POEM？
- 你的广告目标是买家，还是影响买家的人物链？
- 你会测量公司的净推荐值吗？如果是，你会如何处理这些信息？
- 你会在自己的工作、公司和生活当中使用说服六原则吗？
- 你如何吸引像解放儿童组织这样的机构中的 Z 世代成员？
- 贵公司如何处理员工反馈？每年都会收集反馈吗？还是每季度？还是每月？或者更频繁？或者从不收集？
- 最近几年的反馈收集频率和方式有无变化？你希望发生这些变化吗？为什么？
- 收集员工反馈后，请问贵公司关注员工参与度或业绩吗？或两者皆关注？
- 是否对经理进行排名？排名结果如何？
- 贵公司是否会基于行为、人口统计数据或者两者进行市场营销和销售目标定位？
- 贵公司是否通过使用大数据，确定消费者的购买方式或购买周期的各个阶段？

请在 TheGenZEffect.com 网站上回答完整问卷，测试是否准备好迎接 Z 时代效应。

6 第六章 文化跨界

未来的文盲并非不识字之人，而是没有学习能力的人。

——赫伯特·杰尔居埃（Herbert Gerjuoy）在和

阿尔文·托夫勒（Alvin Toffler）

面谈时如是说

引自《未来的冲击》（*Future Shock*，1970)

本章中，我们将深入探讨教育的变化本质和在全球化方面取得的进步，这也是Z时代效应的力量之源。首先，我们来了解慕课（MOOCs）的演变过程，它能够更好地将教育和Z世代人的工作、生活和娱乐方式协调一致。这让我们体会到游戏这个概念的细微差别，即Z世代对事务和教育的看法发生的行为转变。我们将探索教育转变的多种形式，比如谷歌等企业使用的同伴互助学习方式，还有育碧娱乐软件公司（Ubisoft）的视频游戏《摇滚史密斯》（*Rocksmith*），后者展示了一种全新的吉他学习方法。

如果要找出塑造一代人的最主要的影响因素，那应该是教育。**教育不仅是我们获得知识的途径，还是我们定义自己身份的过程。**

无论是在家里、在教室还是在工作中，我们用来为世界增值的东西即我们所学。无论以何种形式存在，学校都是我们与他人建立密切关系的场所。在这里，我们能找到志同道合的同伴；在这里，共同的经历造就了我们所属的群体，即现在我们所属的世代；在这里，我们通过与同学对比来衡量自己的资质和能力。总之，教育是分离或团结我们的最重要因素。如果你承认教育具有这样重要的作用，那么你也必须承认，在这个瞬息万变的世界上，了解教育方式将会发生怎样的改变也是至关重要的。

从教室到企业，教育的变化一直在根本上改变我们对每代人彼此间互动方式的理解。随着时间的推移，这些新的学习方法将形成一套通用的技能和行为，进一步削弱代际差异。

令人惊叹的是，虽然我们要谈论的这些变化已经开始缩小代沟，但是还有很多人（尤其是那些沉迷于传统学习方式的人）仍然强烈反对对传统的教育模式进行改动和颠覆。

有一个巧妙讽刺传统思想如何阻碍教育演变的故事，哈罗德·本杰明（Harold R.W. Benjamin）——其笔名为艾伯纳·帕迪威尔（Abner Peddiwell）——于1939年写了《剑齿虎课程》一书，虚构了一个关于我们如何落入“坚信已有教育方式是最好的”这一陷阱中的故事。这种墨守成规的傲慢包围着我们，并用看似合理的理由筑造了一座阻挡改变的壁垒。

不要忘了，我们直到20世纪中期才有能力开展大规模正规授课。事实上，19世纪后期，美国的文盲率为20%，对于这个比较发达且拥有学校体系的国家来说，算是较高的比例。然而，更令人惊讶的是，当时只有一半学龄儿童报名入学。[1]情况直到1940年才稍有改善，当时美国只有一半多点的人上完八年级，此外仅有5%的成年人完成了大学四年学业，人数极少。仔细想想从那个时候到现在的迅速发展，就会发现刚才描述的这些数字有多么令人惊讶。

图 6–1 《剑齿虎课程》

注：艾伯纳·帕迪威尔于 1939 年出版该书，讽刺教育现状，其观点也适用于当前大多数教室学习的教育模式。

婴儿潮一代的父母大多数都没有上过高中。跟父母不同，婴儿潮一代都受过良好教育，近 70% 的人接受过大专以上的教育，其中至少 25% 获得学士学位。这在很大程度上是由于 1944 年《军人安置法案》的颁布，它为当时全世界最大的大学入学高潮奠定了基础。实际上，美国大学在 1947 年所录取的学生中有 40% 都是退役军人！

从全球来看，高等教育在20世纪社会发展中的地位日益突出，特别是在许多二战后经历大规模重建的国家。例如，在19世纪末20世纪初，18~25岁的日本人中，大学入学率还不到1%；到了20世纪中叶，入学率上升到4%，并在2000年达到近25%。

过去几个世纪中，几乎在每一个发展中国家都出现过这种发展趋势。其结果是，如今全球有近90%的小学适龄儿童和超过60%的中学适龄青少年接受教育。[2]20世纪最宏大的投资缩小了世界各地中小学教育的差距，而在21世纪则是重点发展高等教育。

由联合国教科文组织发起的研究表明，当今全球的教育能力都有了明显提升。未来30年的毕业人数，将超过有历史记录以来所有教育体系的毕业生总人数。普及教育这一进步是Z时代效应演变的基础，因为它消除了导致代际差异的最主要因素：受教育水平。

教育差距造成了各代人在认识上的巨大不同，如同峡谷之中能够区分年代的沉积岩层一样明显。

这一差距会逐渐缩小，直到最后消失不见。而在普遍教育基础上培养沟通和协作能力的最大障碍也会随之消失。

走出教室的新教育模式

在全球范围内，大学教育将继续为发展中国家的技术工人提供越来越多的机会。从许多方面来说，教育就是21世纪的军备竞赛。我们工作能力的进步——不考虑网络、位置、文化障碍或人口障碍——只会深化这一发展趋势。

对于Z世代来说，每一条鸿沟——地理的、文化的、代际的——都正在迅速缩小。渐渐地，你身在何处或姓甚名谁都不重要了，而且年龄也变得不再重要——价值才是最重要的。如果你能够参与其中并发挥作用，那么你就是有价值的。这正是从K-12（幼儿园到12年级）到大学全部免费的普及教育的意义所在，它会对我们迅速提升创新能力产生深远影响，也会应对一些世界上最严峻的挑战。

注意：人们很容易认为，Z世代只是地区现象，仅发生在已经建立了高等教育院校的发达国家。如果我们忽视高等教育的发展轨迹，就很容易产生这种想法。比如，现在印度拥有最多的学院和大学，有8 500多所公办和民办高校，比高校数量第二大国美国还高30%，这让很多人大吃一惊。

需要注意的是，这些大学的教学质量并不相同。在卡林噶工业学院举办的第88届印度全国副校长会议上，印度国立高等院校总督和校长贾米尔表示："显而易见，在我们的高等教育体系中，大学的教育质量有待提高。令人非常沮丧的是，世界200强大学中，没有一所来自印度。不讲求质量的大学扩招几乎没有意义。我们必须更加重视教育质量。"即便如此，大学发展的总体趋势和发展势头还是很明确的。全球范围内的教育规模将达到史无前例的程度。

那么，要为每个人提供教育机会，充分激发个人潜力，我们该如何着手完成这一艰巨任务呢？随着Z时代效应影响的加大，新型教育模式开始出现，在教室之外创造了新的契合点，新的模式不再局限在传统教育中的教室里。

我们将要探讨的教育不会在教室进行，至少不是我们大多数人都习以为常的那种教育方式。这种教育开始于教室之外，方式多种多样，正从外至内重塑着教育。

走近慕课

2011 年秋季，三位斯坦福大学教授在网上公开发布了自己的上课视频，不收取任何费用，他们的这一举动打开了潘多拉盒子。其中“人工智能导论”这门课程吸引了 16 万人注册，有 23 000 人坚持学完了该课程。

这门课之前由彼得·诺维格教授和塞巴斯蒂安·图伦教授讲解，他俩都曾在谷歌任职。目前，这门课成为参与最广泛的全球大学在线公开课程。[3] 随后，图伦便参与创办了网上大学 Udacity，主要提供大量在线公开课程，或者简称“慕课”。

慕课不仅仅是在线学习，它改变了“老师给学生传授知识”这种自上而下的传统模式，取而代之的是大不相同的紧密联系模式，即教师与学生之间、学生彼此之间不再是层级关系，而是共同学习、探索和讨论的关系。

慕课背后的基本思想并非看上去那么新颖。早在 20 世纪 20 年代，图伦和诺维格教授提供斯坦福公开课之前，就有美国人通过邮件为上不起学或不方便上学的人提供大学和中等职业院校课程。这种形式被称为“函授学校”，是最早替代传统正规教育的形式之一。有趣的是，迪克·德鲁通过参加火柴盒背面广告的函授课程获取了工程学位，第一份工作就是明尼苏达矿务及制造业公司（3M 公司）的全职工程师，他推动了 3M 公司从研磨材料向黏合材料的发展。当时，很少人追求大学教育，在哪里获得学位不重要，更重要的是你是否拥有学位。然而，随着发达国家的财富不断增加，对技术知识型工作者的需求也越来越大，大学培养更多毕业生的能力也不断提高。

什么是慕课？首先，相对于传统教育，它的“规模庞大”。要掌握实际参与的人数、课程和大学数量是难上加难的一件事，因为活动参与者不计其数。截至 2014 年初，超过 1 000 万名学生报名参加慕课。总共有来自 200 所大学的 1 300 名教师提供了 1 200 门课程。[4] 但是如果将大学和传统院校之外的课程也算进去，如可汗学院（Khan Academy）（本章接下来也会谈到），数量还会增加 2~5 倍。

到 2014 年底，我们预计课程访问量将超过 1 亿人次，包括注册学习和试探了解慕课的学生。[5] 班级规模不受限制，但是也有很多慕课课程，如全民大学（the University of the People）（唯一一所可授予学位并免费提供慕课课程的网络大学）将班级规模限制在 20~30 人。

慕课成功发展的原因之一是通常采用自动评估工具测试学生的理解程度。我们将进一步探讨这一点。

其次是公开。公开是指这些课程没有被大学或其他机构爬满常春藤的围墙封闭起来，至少从理论上讲，它们对所有人开放。即便如此，公开并不意味着自由，如果要完成课程并获取学分的话更是如此。

许多采用传统实体教室授课的学位授予机构都斥巨资加入慕课。麻省理工学院和哈佛大学联手创建了大规模开放在线课程平台 EdX，仅启动经费就有 3 000 万美元。其他平台，如美国 Udacity 免费在线大学教育平台，每门慕课课程的预算约为 20 万美元。因此，虽然课程内容只需联网就可以获得，但是要获得学位仍需几百到上万美元。

大多数慕课课程仍为个人所有，这意味着课程核心内容的开发和讲授都由教师负责。因此，这些课程并非“开源”意义上的“开放”（可自由修改和重复使用），但是有些大学，如麻省理工学院、卡内基·梅隆大学（Carnegie Mellon University）、杨百翰大学（Brigham Young University）、圣母大学（University of Notre Dame）、公开大学（Open University）、斯坦福大学、耶鲁大学等，都已将很多课程免费公开。但与全民大学不同的是，大多数提供慕课课程的高等院校不会因为你上过它们的在线课程就授予你学位。

对于上不起这些学校或者来自遥远国家的学生来说，获得学位并非其学习目的。有利还是有弊，还没有明确答案，有待大家讨论。尤其要注意的是，高等教育的成本在过去 20 年间有了大幅度增加。

亿万富翁比尔·盖茨、理查德·布兰森、拉里·埃里森、迈克尔·戴尔、罗曼·阿布拉莫维奇、特德·特纳、拉尔夫·劳伦、史蒂夫·乔布斯和马克·扎克伯格等人都没有大学毕业，显然，在“现实世界”的工作中，没有学位并不意味着走投无路。当然，获得学位也不能保证获得成功。

慕课“在线”成效显而易见，这得益于社会和技术的超连接和技术反弹效应。它不仅为人们提供了随时随地学习的机会，也实现了大规模普及，这在被物理环境所限的传统教育模式下是不可能做到的。

“课程”本身也可以说明问题。如果某个机构所提供的“课程”仅是一个30~60分钟的视频讲座，那么这不是真正的慕课课程，这样的视频在优兔网站上随处可见。慕课课程是在一段时间内推送的一系列短时课程。对慕课课程的正确理解应该是：完成特定学习目标并可检测完成效果的系列课程。关键词是“系列”和“可检测”。在学生上课过程中，慕课课程需要有衡量和检验学习效果的机制，以确保他们真正学到知识。

短视频教育

自19世纪中叶以来，我们一直认为孩子们要花13年的时间接受传统教育，即从幼儿园到高中毕业（12年级）。我们一直认为获得学士学位需要4年，获得工商管理硕士（MBA）学位需要2年，参加企业讲习班需4~5天。但是这些判断的依据是什么呢？我们树立“教育面向全民而非富裕阶层”的观念至今也不过两百年的时间。事实就是我们目前教育体系的基础并非一成不变的自然法则，它只是人类的最新发展。

如果我们能够利用现在的技术在更年轻的时候开始创造价值，就像第一章提及的15岁少年苏曼·穆拉穆迪一样，情况将会如何？如果我们直到暮年仍在顺利开展事业、迎接变化，正如之前提到的六七十岁的研究生一样，情况又将如何？这对我们的教育体系结构会有什么样的影响呢？

我们讨论的情景中，有一件事是极有可能发生的，就是更符合“即时授课”（just-in-time delivery）理念而非“预防性授课”（just-in-case delivery）理念的创造性学习。预防性授课是我们一直习以为常的教育方式。我们经过很短的学习时间，就可以将学到的所有知识应用到后半生中。相反，即时授课将这一过程翻转过来：我们一生都在学习，这样可以不断反复地运用知识。从现实情况来说，这种终生学习的方法意味着我们必须用更小块的时间学习，这样小块学习时间就能分散到整个人生中。这种小块时间学习的方法正是慕课和其他学习方式的区别之处，后者包括图6–2中展示的课堂授课、电子授课和家教等。

慕课不仅能传授知识，也将教育融入了Z世代学习、忘记、再学习的循环之中，这种循环将持续一生。

在美国，完成MBA学位课程通常需要两年。而在美国以外的其他国家，很多大学的MBA课程可以在短短一年内修完。为什么呢？难道其他国家的MBA学生只学了一半的教材吗？我们对此表示怀疑。

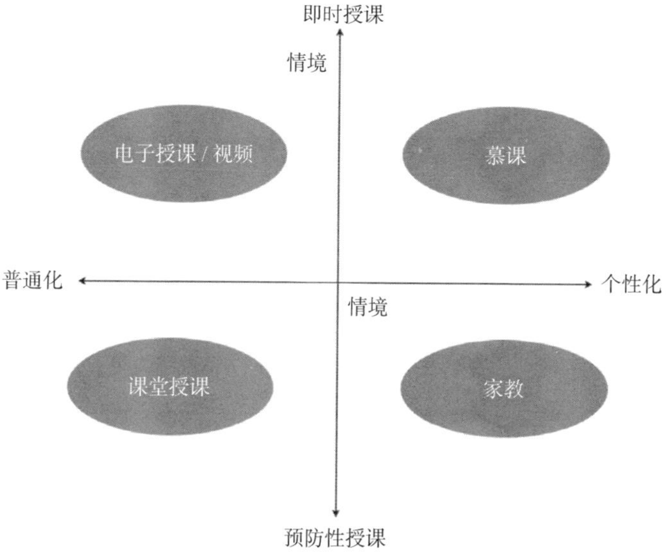

图 6–2　慕课：个性化和即时的学习方式

近年来，我们开始反思传统教育形式是否仍有意义。大众教育，就像批量生产制造和大众营销一样，正在让位于个性化更强、速度更快的学习方式。

香港理工大学的徐汝康（Eric Tsui）教授告诉我们，连教师的角色也发生了巨大的变化，他说："在过去的几十年里，或者甚至几百年里，传统教育几乎都是通过很多课程来传授知识的。你可以想象技术的革命性作用有多么强大，因为我们现在开始认识到，学生不一定要在同一地方听教授或者讲师讲课。不仅如此，他们还可以向同学学习，而不只是向老师学习。"徐教授描述的是一种混合学习形式，在这种形式下，学习经历的每个层面，无论是教室里的传统学习，还是手机课堂，甚至全球互动，都被转化为优势。

我们采访了沃顿商学院的副教授凯文·韦巴赫（Kevin Werbach），他与我们相识多年，一直站在媒体和教育技术创新的最前沿。他向我们描述了他眼里的慕课课程，以及他是如何在上面教授课程的："人们以为慕课的高投入必然会导致很大的课程量，其实不然，重要的是内容质量，而非表现形式。例如，我曾在慕课上教授过游戏化的课程，由大约60个视频片段组成，每个视频片段大约只有5分钟。"

韦巴赫的说法低估了制作一期慕课课程的成本——我们之前提到过 Udacity 为每个慕课课程提供 20 万美元的预算——但有一点很重要，所有在线课程在生产价值、复杂程度、老师的时间价值以及测试和专业认证细节上都有所不同。

本质上说，慕课一开始就包含了教育中最有效的因素：一个对课程主题充满激情并且有能力为想学习之人传授知识的老师。另外，慕课也充分利用了 5~20 分钟的注意广度，因为这是人类吸收知识的最佳周期，而不是因为"千禧一代无法集中注意力"这种毫无根据却广为流行的说法。

我们问韦巴赫对这一现象怎么看，因为他对历史悠久的传统大学沃顿商学院的结构极其了解，同时也通过 Coursera 慕课平台网上授课。他说：

为什么我们需要短的视频片段呢？因为注意力。

从观众的角度来看，这可能与代际转变有关，当然，你也可以将之笼统概括或者简化，但我认为，虽然视频课程还没有完全替代教科书，却已变得更加普遍了。我现在教的大学生宁愿观看一个视频片段，也不愿在教科书上阅读同样的内容。没有人能集中精力坐在那里听别人讲上一个小时。学生无法集中注意力在教室看我这样讲课，这一点我们从各种各样的研究中可以知道。

注意力持续时间不仅仅是这一代人独有的。关于为何传统课程问题百出的研究大约持续 50 年了，研究表明，其中一个主要的原因就是，无论课程多么有吸引力，没有人能够真正集中注意力听一个小时的课，并且记住讲义上的内容。老是埋怨“现在这些孩子集中精力的时间真短”是没有道理的。

话虽这么说，琳达 · 斯通（Linda Stone）几年前创造了一个术语叫“持续性局部注意力”（continuous partial attention），她在沃顿超新星大会上演讲时提出了这个术语。当今世界的特点之一就是干扰元素和信息渠道众多，我们已经习惯于不断转移注意力。因此，我认为这对于如今的大学生来说更为艰难。传统的课堂教育已经同他们的生活方式格格不入了。

然而，制作短视频的目的不仅仅是为了保持观众的注意力，也不要误以为短视频的工作量就会少。制作简短而有效的课程需要花费很大精力，这让人想起布莱士·帕斯卡在1657年说的话："这封信很长，只是因为我没有时间让它变得更精简。"

有意思的是，尽管视频直播发展迅速，网速也越来越快，慕课课程却很少在线直播。这又回到了慕课的"大众教育"这一特色上来了，只有让学生按自己的步调和节奏来学习，而不是被一个特定的课程表束缚，才能以最佳方式实现大规模授课。

95后的一个特点是认为人类能够对想做的任何事情进行"时间迁移"，无论是学习、工作还是购物。这种想法首次露出端倪是在电视录像机（TiVo）和其他数字录像机（DVR）大量出现之时，这些设备刚刚进入市场的时候95后刚刚出生。时间迁移也是实现即时满足的基础，95后自儿时起就有这样的要求，这某种程度上也让他们的父母和祖父母保持头脑清醒，因为时间迁移让年轻人和老年人都能够按照自己的需求调整娱乐安排。换言之，你可以在节目的广告间隙去上厕所，其实也可以用一下遥控器上的暂停按钮。

慕课的偶然诞生

20世纪最重要的思想家和未来学家巴克敏斯特·富勒具有远见卓识，早在1962年便预测到慕课的主要构成元素，那时他谈到未来现场课堂教学将发生的转变：

> 我们将精选不同学科的权威人士——在其专业领域备受同侪尊敬的人。他们将只须向一群人讲授一次基础课程，这群人

> 包括该研究领域的专家，以及未受过专业训练的聪明孩子和成年人。课程会被录下来……他们会将课程制作成连续播放的图片，同时伴有高保真磁带录音。然后教授和他的研究团队就可以反复听录音了。

尽管富勒1962年时用的那个类比显得有些过时——高保真磁带录音——但是慕课大部分的基础元素在他的话里可以找到。也就是说，教育素材的价值不是简单地体现在呈现方式和机械重复上，而在于学科专家提供高质量的信息，同时有充分时间让学生吸收和应用。

大声教学

与所有重要变革一样，慕课出现的时机也非常合适。维克多·雨果说过，世界上最强大的力量莫过于恰逢其时的思想。如果要用一个慕课的案例印证这句话，那就非萨尔曼·可汗（Salman Khan）莫属。

最神奇、最著名的慕课成功案例就是可汗学院的崛起，对此最吃惊的人正是可汗学院的创始人——萨尔曼·可汗。可汗最初用雅虎的电子画画笔记本发布简短的数学教程，用来辅导他的表妹纳迪亚，解决她在基础数学上遇到的难题，比如如何将千克转化为磅。可汗拥有三个麻省理工学院的学士学位和一个哈佛大学的工商管理硕士学位。他于2004年开始在网上辅导纳迪亚。他当时住在波士顿，在一家很小的对冲基金公司工作。不久后，纳迪亚的兄弟、亲戚和朋友都想加入进来。为了方便省事，可汗开始在优兔上记录和发布视频，由此一发不可收拾。

可汗碰巧使用优兔作为对表妹进行“大声教学”的平台，这恰恰是免费传播课程的便捷方式。但假如他采用私人化的讲课方式，像最初用雅虎的电子画画笔记本为纳迪亚一对一授课那样，那么可汗学院就不会发展成今天这个样子。正如威廉·鲁道夫·赫斯特一样，他只是意外接手父亲的第一家报纸，却最终改变了整个新闻和媒体界。

可汗使用的超连接就是我们说的“大声教学”，即教学不再局限于教室或者私下的辅导课程，而是被拍摄下来广泛地传播。正如可汗所说：“如果你看到一个家伙一边解题一边自言自语，我想大家会认为这是有价值的，而且不会被吓到。”这样一来，世界各地的学习者都能够找到他，正是这种机缘促使可汗学院不断发展壮大。

可汗偶然发现了学习中反馈和不断纠正的好处，这是可汗教学模式和早期在线教育模式最重要的区别之一。可汗表示：

> 请将学习想象成骑自行车，我提前教你怎么骑，并且把自行车给你，让你练习两周。两周后，我回来说：“你看，你左转弯有些问题，也不会停车，你的自行车课只能得 80 分。”给你一个成绩 C，然后说：“现在你来学独轮车。”我们所有课程的教学模式与学习自行车的方式一样。骑上自行车，然后摔下来，

> 尽可能长地重复这个过程，直到掌握骑车技巧。在传统的教学模式中，尝试和失败会导致惩罚，并且不要求掌握知识。我们鼓励你去尝试，鼓励你去失败，但确实期待你能够完全掌握知识。

掌握知识不是简单地接收信息，而是应用获得的知识，也不是仅仅用在读写和口头谈论上。

可汗发布课程的目标不是成立一家公司，更不是为了在比尔及梅琳达·盖茨基金会、安与约翰·杜尔基金会、雷曼基金会、谷歌等此类机构的资助下建立一家国际知名的非营利机构。可汗学院的使命是“通过向任何地方的任何人提供免费的、世界一流的教育来让教育变得更完善”，就像谷歌的使命是为了整理全世界的信息，使之普遍易得且有用。与谷歌不同，可汗显然致力于建立一种非营利教学模式。

可汗为表妹和越来越多的追随者提供第一次辅导后，将一套起初增长缓慢，但后来加速增长的学习资源，扩张成一个从幼儿园到高中的基础教育平台，这些资源涵盖数学、物理、化学、公民学、经济学、艺术和历史等众多学科领域。据我们估计，如今可汗学院拥有的课程和学生，几乎占了慕课课程的半壁江山。

回到维克多·雨果的名言，这一切发生的时机刚刚好。尽管失业率居高不下，让人担忧，但是某些市场领域仍十分缺乏高质量人才。

以下是从可汗学院网站数以万计[6]的留言中抽取出来的，或许值得思考：

> 太好啦！我刚刚拿到职业工程师许可证，这在很大程度上要归功于你。我是一个53岁的年轻学员，高中毕业后进了专科学校，然后出来工作，接着又回到大学拿到学士学位。但是我修的专业没有通过工程学认证，所以我毕业的时候不能参加工程师资格考试。30年后，我决定重新考取职业工程师许可证。很多核心的工程学课程我以前没有学过，包括流体力学、热力学、电路学等等。我只在高中的时候学过一点几何学，大学期间也只修过一门数学课。我周五参加了成人教育考试，周六参加了职业工程师考试，都通过了（去年两门都没及格）。如果没有可汗学院的帮助，我应该不会成功。可汗学院帮了我的大忙，就像世间难寻的一座希望的绿洲。
>
> **达伦，2012年6月27日**

达伦是Z世代人的典型代表，一个“53岁的年轻学员”发现学习是终生的旅程。

教育的目的不是选择这一生要从事的事业，相反，事业的目的是为了选择这一生要接受的教育。很微妙吗？也许吧。但是在这微妙的差别中潜藏着一种机制，我们借助它能够不断地改造教育，从而不断地改造社会。在大型教育变革方面，我们最大的一个错误想法，就是认为能够每隔几十年就用新一代的产品和科技对教育制度进行一次整体的更新换代。

过去，这种想法是可能实现的，因为那时大型变革发生的频率不高（虽然当时的人看来或许不是如此）。发生大型技术变革的间隔足够长，教育家们有时间重新建构课程体系，但现在已经不可能实现了。展望未来，这种对变革的延迟反应就好像让一个老旧火车头去追逐一辆轻型摩托车一样，无论火车有多快，永远无法用足够快的速度铺设好轨道，去追逐那辆不断闪避、迂回前进的摩托车。

缺乏这种迅速应变精神也是失业问题的根源之一。如果没有认识到教育方法和院校需要的正是这种精神，那么人们将永远无法以足够快的速度学到技巧，以应对未来出现的工作。

让我们以与我们关系最密切的一个群体——训练有素且具有可用性的数据科学家——为例来讨论 Z 世代吧。现在的数据科学家相当于 20 世纪八九十年代的计算机程序员。那时，各高校就像工厂生产流水线一样快速培养了大量程序员。30 年来，软件革命不断升温，而当时的程序语言，如汇编程序（Assembler）、BASIC、公式翻译程序语言（Fortran）、面向商业的通用语言（COBOL）等都极其规范，拥有持久的生命力。我们有足够的时间为它们创立课程和学位项目，因为计算语言的生命是以 10 年来计算的，而不是以年计算。计算机语言的 S 形曲线还没来得及急剧加速，教育院校就被轻而易举地甩在后面，正如它们现在的境遇一样。

然而，现在越来越难以满足对新技术技能的需求。随着程序语言成倍地增加，优秀的程序员一般会依靠自学或者在职学习，而非在校学习。直至今日，如果问程序开发员为什么来学校学习，基本没有人会说是为了学习计算机科学。

难道学校不再培养程序开发人员了吗？当然不是。问题在于，它们培养程序员是不是为了满足当前的需求？根据我们与科技巨头共事的经验，答案非常清晰明了：“不是。”关于当今科技行业就业情景的报告数量众多而又互相矛盾——麦肯锡和高德纳公司认为该行业有数以百万的岗位空缺，未来几年都无法填补，而《大西洋月刊》在2013年发表的一篇文章中声称科技人员短缺是一个谬论。但我们在这里想说明的是，科技教育的本质不在于学校能否授予学位，而在于它们能否紧跟需求，教授学生现在所需的技能。

学校没有跟上发展，导致训练有素的数据科学家严重短缺。我们需要解决这个问题，才能满足用人单位的大量需求。它们急需具备专业技能的人才分析大数据，以深入了解我们前一章讨论过的各种行为。

麦肯锡在2011年的一份报告中预测，到2018年，美国深层数据分析人才的缺口将达14万~19万人，同时需要150万名能根据大数据做出商业决策的经理人和分析家。

招聘拥有数据分析技能的人才不仅仅是因为希望站在科技最前沿，而且是为了跟上市场的步伐。美国一家招聘网站凯业必达的首席执行官麦特·弗格森认为，科技技能的贬值与实体资产一样迅速。在我们看来，他划定的时间范围太宽裕了。我们甚至可以说，无论在哪一个机构，科技技能都是贬值最快的资产。随着科技发展的步伐加快，原有的技能迅速被超越，因为技术反弹效应不仅推动前沿科技不断向前发展，同时以相同的速度排除了对旧科技技能的需求。

对于科技的消费者和使用者而言，技术反弹效应是有好处的；一大批新用户进入市场，对于供应商和销售商也是有利的；但对于那些想要深刻了解和发展最新技术的人可就不利了。换言之，用户界面和科技体验确实变得更加容易，但这并不意味着背后的技术也更加简单了。正好相反，背后的技术变革其实是不断加强的。

最终，我们的教育模式显然跟不上时代了。学习不能再以教室为中心。现在，任何人在任何时间、任何地点都可能成为一名学生，事实上，也必须成为一名学生。

那么，我们将慕课当作课堂外授课的主要工具，就能够解决这个问题吗？不完全是这样。慕课仅仅是平台而已。仍然存在的问题是：我们应该怎样改变95后的行为，才能让他们保持持续学习的动力？答案来自最让人意想不到的地方——我们的游戏方式。

通过游戏教育实现新手引导

若问我们对Z世代未来学习和工作方式的看法，标准答案是：看他们玩游戏的方式。在游戏中，Z世代人会学到宝贵经验，因为他们需要与庞大的网上社区互动才能实现合作，通过不断适应实时情境学习才能成为高效率的玩家。在这些游戏里，并没有广泛传播的用户指南或者唠叨的辅导老师，学习主要是通过观察和行动来完成的。然而，在游戏的世界里，这种行为并不叫学习，而叫新手引导（onboarding），即使用视频和互动案例邀请你加入游戏，迅速建立你的自信，提高你的能力，引导你离开菜鸟区。

即使一个简单的游戏，比如2013年底迅速走红并饱受争议的《疯狂的小鸟》，仍然会通过三个步骤告诉你究竟应该怎么玩，虽然这个游戏只需一个控制键，并且游戏设计已经非常明显了。

那些更复杂的游戏，比如非常火爆的《使命召唤：黑色行动》系列，设计更加详细深入，使玩家不仅想购买游戏，不仅想玩一次，而且还想迅速升级能力，这样就会在游戏里花更多的时间，变得越来越强大，尤其是当与其他玩家对局时。

很多玩家已经对《黑色行动》之类的第一人称射击游戏（FPSs）的控制方式和目标非常熟悉了，但是游戏开始的十多分钟里仍然有很多机会熟悉如何利用双手进行操作：如何跑、跳、射击、装填弹药或更换武器，以及如何理解游戏的状态显示。它展示了你的健康状态、剩余的弹药数量、象征朋友或敌人的雷达/地图、游戏剩余时间等等。

这些游戏的默认设置是玩家对该游戏一无所知，并且认为一开始的“手把手引导”能够帮助克服新手恐惧，让玩家不用担心自己看上去很蠢或者感觉什么都不会。它们引导玩家进入正常操作程序，随着游戏时间的延长，不断增加玩家对游戏的舒适度。游戏中经常设置目标，比如找到一个隐藏的物品，使用武器达到一定次数，或者成功使用某个技能达到设定的次数，就能“解锁”新技能或下一批目标，表示玩家可以面对更高级、更复杂的关卡了。

精彩的游戏都非常擅长把握正确的时机发起挑战，或者保持舒适环境，以免玩家灰心丧气。游戏的设计者非常了解这些学习曲线，有充分的证据证明这一点——他们通过测试新老玩家几万个小时的游戏经历来找出究竟哪个地方开始让人感到挫败。他们不会猜测，也绝对不会等游戏上市之后才去考虑玩家可能会有的反应。

微软公司 Xbox 游戏系统的销售量有 1 亿多套，其实公司已经通过它们计算出，一个普通玩家在大学毕业时累计的游戏时间大概有两年半。微软收集了总共 7.5 亿小时的潜在游戏时间，这样大量的经验数据为研究人们的学习方式提供了真凭实据。

我们在第五章“财富影响力下降”里讨论过基于证据的销售，而基于证据的学习与之类似，无论是游戏里的学习还是传统的学习经历，都是现代教育的关键。有一点要谨记，无论在学术环境中还是在公司里，不要被假象欺骗，误认为只有“游戏”才适用游戏中的原则。

谷歌的故事：在职学习

如果我们能够将本章里了解到的东西进一步延伸，应用到某个企业环境中，让现在大多数公司里存在的八卦时间和办公室闲聊至少有一部分被慕课、游戏、在线培训和参与取代，那将会怎样呢？这正是谷歌已经施行的做法，即启动“从谷歌人到谷歌人”（G2G）

学习项目。

谷歌经常宣扬它的“百分之二十的时间原理”——在这个原理下，员工，特别是工程师应该将自己20%的时间投入到“悬而未决”的项目中去，这是3M公司20世纪初期实行的做法，但是设计的目的是用来释放内部创新力。这种做法通过G2G项目在谷歌内部的整个学习领域推广开来。在谷歌以外的其他地方，我们称之为伙伴对伙伴对等学习，或者P2P学习方式。

谷歌面临的挑战是实现并提供足够的在职培训机会，不仅让公司持续创新，而且也为增强员工能力创造条件，让员工能够了解各类事物的最新发展。有些培训的主导人是日常工作与学习或教育无关但知识丰富的员工，有些则是传统人力资源开发领域（HR）和学习与开发领域（L&D）的员工。

谷歌发现几乎不可能迅速增加以讲师培训为主的授课，并覆盖整个公司以满足需求，因此它转而采用G2G这种更符合Z世代个性的方式，以取代传统的学习项目。谷歌内部55%的课程是由人力资源部门和学习发展部门以外的其他部门的员工教授的，教授内容有具体的工程学课程，也有令人意想不到的课程，比如喷火——是的，喷火！

谷歌共有大约37 000名员工，其中超过2 000名曾经制作或者讲授过G2G课程。鉴于人们普遍害怕做公众演讲，并且在公司这种场合讲课或学习的热情一般不高，这样的参与程度实在令人羡慕。[7]

Eventbrite 的故事：员工主持的培训

Pep–perland 实验室的创立者和服务平台 Eventbrite 前产品经理泰·怀特使用了同谷歌相似的 P2P 学习模式。Eventbrite 是一家在线票务服务公司，创立于 2006 年，允许活动组织人员列计划、开展门票销售，并通过社交网络工具推广活动。泰·怀特描述了该公司是如何在 2011 年开展员工主持的培训的。Eventbrite 的 P2P 模式围绕布莱特训练营展开，通常是由员工围绕各种主题组织的活动，持续一个小时，员工现场参加，互动性很强。同谷歌的项目一样，布莱特训练营并不局限于与工作相关的主题。怀特向我们描述了布莱特训练营的源起：

> 创建布莱特训练营起初是因为我发现一名员工需要培训，她之前从事教育工作，进入 Eventbrite 之后做的是用户支持工作，她发现周围的人都懂得各种专业知识，她却不懂，因此感到很沮丧，但是她没有直接向他们学习的渠道。
>
> 如果我们意识到身边有一群头脑聪明、口齿伶俐的人，他们能够轻松讲解有意思的话题，只要学习方便并且时间不长，我们就会抓住一切机会向他们学习。
>
> 第一期布莱特训练营的主题是巨蟒（Python，一种流行的程序语言）。当时我们想："只要有 5~10 名员工对这个有兴趣我们就很开心了。"结果大约 40% 的公司员工前来参加，我们十

分震惊！顺便说一句，这些员工并不打算将来做程序员，他们仅仅是希望学习足够多的东西来了解最新的科技，并且找到一种方式将之与自己的生活联系起来。

对他们而言，最坏也只是牺牲一个小时的时间来满足自己的好奇心。因此，即使学习没有收获，他们的损失也不大。而如果效果很好，他们就会有丰厚的回报！我们顺着这个思路走下去，绝大多数布莱特训练营的学习活动是根据同事们的建议组织的。

布莱特训练营早期的另一门课程是关于销售策略的。那时公司大概有 100 名员工，这代表有 100 个人可以向他们碰到的每个人推销我们的公司。

我们雇用擅长社交、口齿清楚的员工，他们有能力向别人介绍公司，也可能会说服周围的人使用产品，但是他们不一定知道怎么推销。因此我们请销售团队的一些员工来教每个人如何推销产品。我们又一次被深深打动了，效果非常好。

我们进一步推出了更多的布莱特训练营活动，课目内容包括设计、竞争对手、金融、预测、资金筹集、搜索引擎优化（SEO）和市场营销。训练营真的成了内部员工分享他们正在做的工作和日常工作的平台。这让它不仅获得员工的支持，同时也得到了老板的支持。

到目前为止，布莱特训练营已经运营快三年了，它发展成一种只要这个主题有人想说并且也有人想听就能开展的活动。

它是持续一个小时的演讲，由员工自行组织和主持，每周或者每隔一周举行一次。经理甚至要求主持大型项目的员工将主讲一次布莱特训练营作为季度目标之一，向整个公司的人解释他们的工作内容。

开展布莱特训练营最重要的一点是包容。事实证明，如果你身边有聪明的员工愿意就一些有趣的话题开讲，你唯一应该做的就是给他们提供一个平台。

《摇滚史密斯》的故事：动态学习音乐

最后，让我们用一个案例结束对学习革命的讨论，这个例子对现代学习方法的效果要求甚高，同时也显示，为提升学习水平设定的目标其实可以很低。最棒的是，你可以轻轻松松做一次亲身体验，看看它到底是如何运作的。

在Z世代重新定义学习过程的例子中，我最喜欢的一个与《摇滚史密斯》相关。《摇滚史密斯》是一个教你弹奏真正吉他的游戏——而不是像《吉他英雄》《摇滚乐团》这类游戏使用模拟塑料吉他——给玩家带来自定义的、个性化的学习体验。用《摇滚史密斯》练习几轮过后，你就能拔掉电源插头，在舞台上，或者至少在客厅沙发上进行表演。

像给乐器插电这样最简单的任务，还有诸如调音这样稍微复杂一点的任务（对于那些尚未建立乐感，或者之前从未学过怎样为吉他调音的学生是非常艰难的任务）都被清晰地展示在新手引导的流程中。

传统的吉他老师会让你买一个电子调音器，给吉他插上电，然后仔细给吉他调音，直到音准与常规的带弦吉他的标准音一致。但是，《摇滚史密斯》的特点是屏幕指导，用内置的调音器精确展示应该向哪个方向转动吉他上的调音弦轴。它还会以视觉化的形式展示目前的音调比标准音准高了多少或者低了多少。

事实上，在乐器调好音之前，根本无法弹奏“摇滚史密斯吉他”。萨尔曼·可汗认为学会骑自行车之前最好不要学习骑独轮车。同样，《摇滚史密斯》的创始人也相信，如果乐器没有调准音，学习弹奏技巧是没有任何意义的。那样你只会从一开始就学到错误的弹奏方式，这会养成一个糟糕的习惯，为吉他技艺的养成打下不良的基础。

《摇滚史密斯》最大的突破之一与可汗学院直接融入其学习体系的那个原则很相似，即适应性学习或动态学习。简言之，作为一个玩家，只有具备了基本的知识，才能够继续练习更复杂的技艺。这个游戏一开始看上去可能让人动力全无，但事实上整个过程非常迅速。《摇滚史密斯》这个游戏假定你完全不知道如何演奏任何曲目，因此，它只会显示数量最少的音符，让你有充足的时间对屏幕上每个向你“飞”过来的新音符做出反应。演奏中，如果你连续几个小节都能跟上音符的节奏，那么游戏就会根据从你演奏中“听”到的数据样本来调整音符、和弦、扫弦、拨弦模式，或显示其他技巧。接着它要么“升级”你尝试演奏的曲目（提高难度，增加音符数量或诸如打弦和推弦之类的技巧），要么“降级”（降低难度），以便让你处于一个适中的区域，既受到足够的挑战去进一步学习和调整，又不会因难度太大而备受打击，甚至放弃。这真的是很了不起的——即使世界一流的音乐老师亲自现场指导，也不会做到这样。这种动态和实时的学习就好像让你经历了另一种科技和行为上的技术反弹。

本书的作者之一是一名音乐家（你可以访问 TheGenZEffect.com 网站找到是哪一位），从 7 岁开始学习音乐，后来毕业于加州大学伯克利音乐学院。请相信他说的话：“这真是学习乐器演奏的一场革命，它让传统的音乐教育看上去就好像停在了传说中穴居人的原始阶段。”这并不是育碧软件的营销炒作，也不是出于我们自己对这个游戏的狂热。由研究策略小组进行的一项独立的全国性研究发现，《摇滚史密斯》是“学习吉他最快的方式”。[8] 这在很大程度上因为该游戏程序会告诉你哪里出错了，并且允许你按照自己的意愿去选择学习方式，而不是一直重复与想演奏的曲目无关的音阶或和弦进程这种让人动力全无的练习。

我们请另一位伯克利的校友、《摇滚史密斯》的制作人、育碧软件公司的尼古拉斯·博纳尔迪（Nicholas Bonardi）谈谈游戏的诞生过程，以及他从这个拥有几百万玩家的游戏中学到了什么。

《摇滚史密斯》是育碧公司的产品，是由游戏坦克这家子公司开发的，早在去游戏坦克工作之前，我就喜欢玩《摇滚乐团》和《吉他英雄》了。我非常热爱这些游戏。但在刚刚接触它们的时候，我其实是十分厌倦弹吉他的。那时候，我已经弹了 17 年的吉他了。当时我想："我弹吉他弹够了，不想再碰它。我再也弹不出什么新意了。"后来我开始玩《摇滚乐团》和《吉他英雄》，再次陷入了摇滚明星的梦想，因为这就是那些游戏的卖点。

我记得自己一度在心中模仿那些摇滚明星的动作，想着："天哪，这把塑料吉他是怎么回事？我这是怎么了？"自那以后，我弹吉他的次数变多了。

在游戏坦克工作的时候，我们的想法很简单：制作一个用真吉他玩的游戏，那时公司包括我在内共有三名员工。大致说来，就是要用真吉他玩《吉他英雄》游戏，就这样。

杰克和我开始做了，因为他完全不懂音乐，他雇用我就是看中我懂音乐这一点。我们的探索是从一个问题开始的："学习的最佳方式是什么？"我们开始投入紧张的研究和开发中，并想出各种方法让玩家最大限度地从游戏里学到弹奏技巧。我们问潜在玩家："为什么你想弹吉他呢？"答案非常简单："我想学了之后可以用吉他弹一首歌曲。"

所以，这个游戏所做的一切就是让你尽快学会弹奏一首歌曲。我们请一家第三方研究团队去研究《摇滚史密斯》，他们的研究结果显示，玩《摇滚史密斯》，并且之前从未弹过吉他的人里，有 95% 的人真的学到了吉他的弹奏方法，并且在很多领域取得了显著的进步。他们还将《摇滚史密斯》同传统的学习方法比较，结果《摇滚史密斯》是学习速度最快的。

前文提到，本书作者之一是科班出身的音乐人。他刚到伯克利音乐学院的时候，身份是一名键盘手 / 钢琴师，但是也会在观众面前演奏小号、上低音号、伴奏吉他和贝斯。他带着一大堆乐器跑到伯克利，其中大多数是键盘类乐器，还包括一把电吉他、一个放大器和一些相关的效果器。在伯克利音乐学院学习的头三个月里，他卖掉了所有的吉他设备。他很清楚地意识到，自己永远无法像周围那些专注投入的吉他手一样优秀，甚至连接近他们的精湛水平也几乎不可能。

转眼很多年过去，《摇滚史密斯》问世了。两个星期内，他大约每周抽出三天来玩游戏，每次玩 30~60 分钟。虽然他学习吉他是在进入伯克利之前的很多年，在学习吉他前的 10 年间还学习过弹钢琴和其他乐器，但《摇滚呼密斯》在短短两周内就让他的吉他弹奏技巧远远超过了从前的水平。

我们中间会不会有人成为下一个传奇吉他手呢？不太可能。会不会有人重新找到弹奏吉他的乐趣，并且获得之前在弹吉他方面从未有过的能力和自信呢？绝对会。

过去几年里，我们一直在各种研讨会和咨询会议上扮演逆向思维者的角色。一些客户希望“提高门槛”，促进改变。我们则主张将门槛降到足够低，让每个人都可以跨过去。迈出第一步总是最艰难的，而增加它的难度并不会促进改变的发生。门槛太高会产生更大的恐惧和不确定感，从而阻碍个人、团体和大型组织向前发展——一切本来可以不必如此。

这种想法正是《摇滚史密斯》努力的目标。博纳尔迪告诉我们：

> 我们希望消除学习演奏的所有障碍，我们也做到了，只要插上吉他的电源，就会有声音，而且正是唱片里的那种声音，因为只要以正确的方式弹奏正确的音符，那么听上去就与唱片里录的一样。
>
> 我们的第一个目标是人们能够根据自己选择的曲目随便弹奏一点东西。我们仅需要他们去弹奏最少、最简单的音符。这样我们才能让他们快速参与进来，从最低层次开始……你不必担心自己不懂音调和调音，跟不上音乐的节拍，或者不懂应该弹奏什么。很多未知事物已经被去除了。你只需要集中注意力，专心弹奏音符就好了。一旦你做到这一点，就有动力继续学下去。自我激励是很重要的，因为在现实中，很多人在真正弹奏吉他之前就已经放弃学习了。

《摇滚史密斯》利用了相对新颖的行为矫正和行为模式理念，说明行为的改变不是简单地依靠意志力或者“投入 10 000 个小时的练习时间”，而是通过创造和重复很多小习惯，代替旧习惯，得到的结果就是以新的方式迅速而明显地提升技巧和行为。这种方式是被传统学习方法所忽视的，或者认为是不可能的。《摇滚史密斯》和其他动态学习环境表明，这种看法不过是长期以来的谬论罢了。

当你思考怎样将学习融入工作或生活时要注意，事实上，开始学习和持续学习的动力在很多方面都比学习内容本身更加重要。因为如果一个人根本不想去学习，那么他将永远无法提升自己的知识或技巧。

上面提供的几个案例，可汗学院、布莱特训练营和《使命召唤：黑色行动》《摇滚史密斯》这样的游戏，都注意利用碎片时间，在几个小时或几分钟内能够轻松学会并应用知识，而不是花好几天或者好几周，并且可以让游戏教程、手机程序迷你教程、导师或者教练提供更迅速的反馈。如果你在介绍类似制度、政策、流程等理论或详细材料，那么应尽快找到这些理论的应用方式，以便让学习者看到它们是如何运作的。

我们曾经认为成人教育尤其冗长乏味、令人烦闷，但无论在教室中还是在会议室里，这种情况将不再是常态。

总而言之，教育不再是可有可无的。无论何时何地，只要选择了正确的方法，持续教育会收到良好效果。从小处着手，然后尝试将这些理念在你自己的公司付诸实践吧。

正如特斯拉公司创始人埃隆·马斯克说过的那样：“任何需要靠说明手册才能使用的产品都是残次品。”

付诸行动

向 Z 时代领袖学习

- 彼得 · 诺维格，斯坦福大学教授
- 塞巴斯蒂安 · 图伦，Udacity 首席执行官，斯坦福大学研究教授
- 萨尔曼 · 可汗，可汗学院创始人
- 全民大学
- 凯文 · 韦巴赫，沃顿商学院副教授
- Coursera 慕课平台
- 徐汝康，香港理工大学教授
- 麦特 · 弗格森，招聘网站凯业必达首席执行官
- 泰 · 怀特，Pep-perland 实验室的创始人和 Eventbrite 的前产品经理
- 尼古拉斯 · 博纳尔迪，《摇滚史密斯》首席音频工程师
- 埃隆 · 马斯克，特斯拉公司创始人

准备好进入 95 后的圈层了吗?

- 你本人使用慕课平台学习过吗？如果没有，你认为自己有可能在网上学习哪种感兴趣的课程？
- 贵公司提供或者使用慕课资源吗？
- 怎样激励员工坚持快速学习感兴趣的课程？
- 你为自己的员工提供“大声教学”或学习的机会吗？

- 你是否尝试过《摇滚史密斯》之类的新款游戏，看自己能否比预计的更迅速、更简单地学会一项新技能?

请在 TheGenZEffect.com 网站上回答完整问卷，测试是否准备好迎接 Z 时代效应。

7 第七章　创意思维：通向 Z 世代圈层的战术手册

在任何同知识相关的事情上，恐惧带来的只有抵抗。

——彼得·德鲁克

我们在本章将探索95后最迷人也最具破坏性的特质，即他们喜欢迂回变通或像黑客入侵系统一样用创意解决问题。首先我们要讨论黑客思维模式的好处，然后集中探讨对塑造95后面貌和未来影响最大的三种“黑客”行为——众筹、3D打印和对知识产权态度的变化。

檀香山市的网站需要进行改造，而且是彻底的改造。当地一家软件开发商为此制订了一个详细的项目方案，为期两年，报价930万美元。当地居民听说了这个价格，其中有些人略懂网站开发。摆在他们面前的有两种选择：眼睁睁看着930万美元的本地税收付诸流水（等两年后网站建好），或者利用社交媒体的力量，愤而发起一场运动，迫使市政府慎重考虑这笔过分的开支。但是最后，他们两种都没有选，反而用“黑客”的方法“入侵了系统”。

“美国代码”（Code for America）是总部设在芝加哥的一个非营利行动组织，它向开发商们提出了挑战：建一个同样的网站，重点在于满足市民需求；如果你的方案被选中，可以得到9 300美元的奖金。这个数额明显不是巧合，它代表了外部报价的千分之一。

几周之后，数百份新网站设计方案被提交上来。接着美国代码同檀香山的市民召开了一天的大会，决定该市的网站需要回答哪些问题。上千个问题被用于网站建设之中。网站运作主要依靠一个极其简单的端口，只要一个访客在上面提出一个问题，就会出现所有与该问题相关的资源。

檀香山的市民节省了 9 290 700 美元。

美国代码的社区组织主任凯瑟琳·布雷西（Catherine Bracy）将此次案例称为“公民黑客行动”。

黑客行动光明的一面

檀香山的例子充分体现了黑客行动的本质，用褒义的词汇来说，就是能够打破障碍，将意义和目的作为个人和职业生涯的核心。

并非每一次黑客行动都是“公民性的”，但我们可以看出，黑客思维的基础是质疑被广泛接受或根深蒂固的行为和观念，找到改变现状的方法。这可能意味着用更少的时间或更低的成本去做一件事，也可能意味着接受可怕的、难以逾越的挑战。黑客行动还把矛头对准待解决问题里最基础、最细小的层面，目的在于从根本上改变整个体系，而不仅仅是消除症状或者治愈疾病。

虽然黑客行动一度带有非常负面的含义，但它与其他的创造性解决问题的方式很像，因为它既能用来做好事也能用来做坏事。

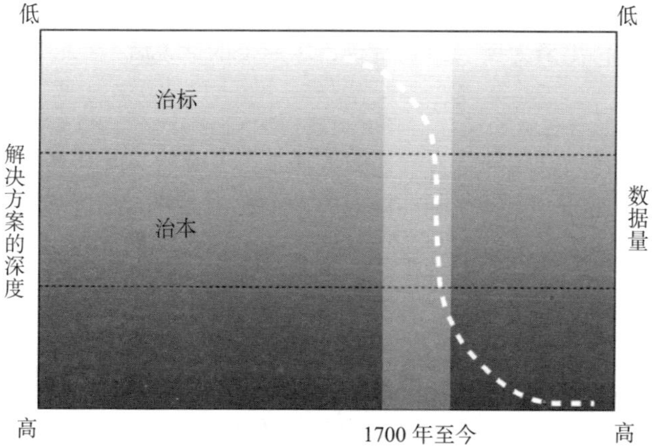

图 7–1　解决问题方法的发展过程

注：在大部分人类历史中，我们是根据实证经验去解决问题——如果某种解决方法似乎可以多次起作用，那么我们就解决了表面问题。过去三百年间，科学方法不断进步，我们能够收集的数据越来越多，这让我们发现了既定问题产生的根源，并且带着更深层次的理解去解决它。今天，根据对特定体系的机制的了解，我们正转向更系统的解决方案。我们将这种从最基本层次入手的解决方案称为“黑客行动”，因为它试图改变系统中最基本的组成元素。例如，医学将进一步发展到直接针对基因层面进行诊断和治疗，从根本上改变我们身体疾病预防和自我修复的机制。

在 Z 时代效应的背景下，我们使用了“生活创意”这个术语去描述黑客行动的两个方面。首先，它指黑客无所畏惧的心态；其次，它意识到了一些能力带来的正面影响，那就是实现连接、调动社区力量和产生本来不可能产生的积极结果。

人们认为 Z 世代和他们之前的那一代人——Y 世代或者千禧一代都拥有一种“权利”意识。对这种现象较流行的一个解释就是，这几代人从小就被鼓励按照自己的节奏前进，很少因为失败而被指责，只要付出努力就会得到赞扬，用通俗的话说就是：每个孩子都是冠军。

我们认为，这种行为特征的描述是不准确的，尤其是对于Z世代来说。我们对此有不同的解释。第五章中简要介绍过的解放儿童组织主要关注十几岁的青少年，另外一个全球非营利机构“定向创意组织”则致力于培养K-12基础教育阶段学生的创意技巧。我们研究此类机构并且与它们合作，由此观察到的结论是：Z世代的态度并非源于他们的权利意识，而是因为他们拥有非凡的自信。

如果Z世代对自我和自己的能力持肯定态度，那么这种态度是有必要的，因为与他们将要处理的问题相比，过去企业界、教育界和政府面临的所有问题都不值一提。

当我们回顾人类曾经做出的惊人成就——从经历大萧条后拯救全世界脱离暴政的“最伟大的一代”到创建万维网的“婴儿潮一代”——我们想到的不是自大傲慢和名不副实的自信，相反，我们为他们推动文明进步的英雄事迹和杰出行为而骄傲。我们认为，Z世代跟这些世代的人拥有同样的勇敢精神，能够勇于应对21世纪面临的严峻挑战。

坦白地说，这真的是件大好事！因为Z世代拥有自信，生来就相信自己有能力应对气候变化、收入差距、教育普及不足、失业、金融危机、能源缺乏、清洁水资缺乏、卫生条件恶劣等难题。如果缺乏自信或对自己的创新能力没有深刻持久的信念，是无法应对这些挑战的。

三大最具颠覆性的创意

虽然创新思维可以用无数方法解决人类面临的挑战，但要通过加速创新来应对挑战，我们认为有三个领域是最具颠覆性、最有意义的：筹资、制造和知识产权（IP）保护。这些领域使创意从思想转变为真正的影响力，而且改变这三个领域的现状对于实现可持续发展的未来是至关重要的。

我们之所以选择这三个领域，是因为在向非 Z 世代人描述未来时，它们是最大的理解障碍。重新认识筹资、制造和知识产权保护有较大难度，因为这三个领域已有的模式和框架都十分稳固，在如今的商业格局中有着悠久、深厚的历史。几乎所有成功的规模性企业都必须具备从资金充足的机构和私人那里筹集到资金的能力。20 世纪是创新创造和保护创意的时代。亨利·福特的 T 形发动机小汽车不是一场产品革命，而是制造业（即装配流水线）革命。专利和商标体系是保护企业的堡垒，如果没有它们，苹果等品牌就不可能生存并繁荣发展。从商标到产品等与品牌相关的一切都需要法律保护。总而言之，如果没有支撑自由企业的这三大基石，我们无法想象现今的世界是什么样子。

在许多方面，改变 19 世纪和 20 世纪的这些制度就相当于改变宗教教规。但这正是我们需要做的。接下来的探讨有点儿像亵渎神明。听到这些体系已经崩溃的说法，你可能会愤怒不已。这样很好。希望你深入挖掘，探索未来发展的新基础。

筹资方式的变革

在第五章，我们讨论了在市场营销方面和企业中影响力不断变化的本质，指出影响力是推动 Z 时代效应的根本动力，因为它使颠覆性创意和创新成为可能。但是，要实现最大的影响力转变，最有效地促进创新，那就要突破所有创意面临的障碍：筹资。

在这方面，Z 时代效应又一次改变着久经考验的筹资模式，并为融资市场带来创意。筹资方式的变化对 Z 世代至关重要，其中一个原因是大众对小型企业态度的转变以及小型企业在实现未来经济繁荣发展方面的重要作用。

小型企业是经济可持续发展的重要组成部分。在过去 20 年里，美国国内新增的大部分就业机会是由员工不足 500 人的小型企业提供的。虽然确切数字仍有待证实，但是美国劳工统计局（Bureau of Labor Statistics）表示，在这段时期内，小型企业提供的就业岗位数量净增长了大约 60%，总共增长了近 70%。

另外，除了能够促进就业，小型企业还更具创新性，人均专利申请数量比大公司要高得多。2014 年，美国小型企业管理局（Small Business Administration）的一份报告[1]显示：平均来说，员工不足

500 人的小型公司申请的专利数量是员工超过 500 人的大型公司的 16 倍；员工不足 15 人的公司人均申请的专利竟是拥有 83 000 多名员工的大型公司的 134 倍。[2]

削弱这些经济引擎就如同将浮游生物逐出生态系统，造成的后果就是所有生物体（包括食物链顶端的有机体）都将会受到损害。造成这一结果可能需要一段时间，但最终必将如此。事实上，无论哪个行业，几乎所有龙头企业的发展都是从并购开始的。当新生事物没有产生理想效果时，外界会有充分的理由对其提出质疑，因此创新的种子需要先在思维活跃的人们心中扎根，这样才能保护它们不会夭折。

但是扩大创新的规模则需要一种完全不同的动力，这种动力可以实现小型企业无法实现的规模效益。说起规模创新的重要性，我想起了与某个世界最大的跨国技术公司首席执行官的一次访谈。当谈到公司的组织创新能力明显不足时，他说："我的工作不是创新。让其他人思考如何让市场接受他们的产品吧。我的职责是筹集足够的资金，在市场认可之后把他们的创新成果买下来。"

确实，即便发明相同的产品会获得巨额收益，大多数大型公司也担不起自行开展创新实验的风险，所以更愿意购买已经成功的创意。这正是当前并购活动的趋势：与其自行创新，不如购买创意。

但是，如果小型企业内部的创新速度远远不能满足大型企业创新的需求，我们就会陷入两难境地。实际上，对于世界上的众多大型企业而言，创新已经远远供不应求。这意味着：如果新创企业和小型企业繁荣壮大，经济将会受到极大推动；但是如果它们发展缓慢，经济就会停滞。

在本书写作的过程中，我们惊讶地发现，大众对小型企业的态度发生了根本转变：接近 50% 的千禧一代和 Z 世代想要自己创业。这就意味着他们要吸引投资。但是越来越多的情况表明，他们的筹资要求远远低于许多职业投资者的预期，而筹资金额却远远超过天使投资和风险投资等传统投资方式的投资额。比如，2013 年，美国完成了不到 5 000 个筹资交易。天使投资人只促成了 884 项交易，筹资总额 11 亿美元；[3] 风险投资人达成了 3 995 项交易，投资总额 294 亿美元。[4]

在这些数据的基础上，我们再来看看现实情况。从 2006 年起，每月有超过 50 万家企业注册成立，这个数字一直稳定增长。[5] 其中只有 30% 的企业拥有一名以上的员工，不到 20% 的企业能撑过第一年，每年还有接近 400 万个新创企业无法获得外部资金，只能依靠自身的努力获得发展。

由于越来越多的人对创业感兴趣，从传统途径筹集到的资金无法持续推动经济的长期发展，其结果就是造成市场交易中的“转换”障碍——这种障碍是创意无法跨越的盲区，因为企业家缺少资金将创意转化为实体验证。

但是，假如只需要时间而不需要任何成本就能在市场上验证创意产品，情况将如何呢？如果创意能满足市场需求，你能立刻利用已经到位的资金批量生产，情况又将如何呢？

这种生活创意方式被称作众筹。我们相信，它在今后几十年将成为新创企业和创新活动的一大助推器。

向大众筹资

众筹有两种基本方式，第一种是股票众筹。虽然通过在交易所向投资者提供股票来筹集资金并非什么创举，但这种方法在过去 80 年却受到严格限制，其间企业家不能对投资者进行所谓的“一般性劝诱”（general solicitation）。换言之，因为必须先在证券交易委员会登记你所能提供的全部资产净值和发行证券，所以能接触到的投资者有限。另外，股票众筹只能向“合格投资者”（accredited investors）筹集资金，这就要求投资者需要有至少 100 万美元的净资产（不包括主要房产）或者在过去两年年收入至少 20 万美元（已婚人士 30 万美元）。

截至 2013 年 9 月 23 日，这些限制中的第一条“一般性劝诱”已被废除，人们可以通过 RockThePost 等众筹平台向普通大众宣传筹资。到本书出版时，以上提到的第二条限制也将修改，对象从合格投资者扩展到所有投资者。虽然投资额会根据个人收入有所限制，但这种改变从根本上增加了新创企业筹集到资金的机会，也增加了投资者参与新企业成长发展的机会。

承诺协议

众筹的第二种方式是创业者同大量有兴趣参与 Kickstarter、

Indiegogo 等众筹平台上创意项目的买家或个人接触。利用这些平台，我们可以从新创公司预订某种产品或服务，或者通过非常简单的行为成为投资人，比如购买带有公司商标的T恤或咖啡杯等，或者仅仅是乐于贡献自己的智慧。

这些交易大多涉及“承诺协议”（assurance contract）。这不过是筹资公司的保证，许诺如果筹集的资金达不到最低要求，就会把已经筹集到的资金退回给投资人。因为如果达不到基本筹资水平，公司就无法生产或提供服务。也有一些众筹平台没有最低要求，即使达不到筹资目标，新创企业也可以保留筹到的资金，但是要缴纳相当高的罚金（众筹平台 Indiegogo 规定罚金为筹资金额的 9%）。

隐藏的巨额资金

如果你还认为众筹只是昙花一现，那就错了。截至 2014 年 3 月 3 日，仅仅 Kickstarter 这个众筹平台的项目就吸引了 5 708 578 人，筹资超过 10 亿美元。超过 160 万人投资了多个项目，其中超过 15 000 人同时投资 50 个或更多的项目。[6] 据估计，众筹交易总额远远超过 20 亿美元。到本书写作时，RockThePost 众筹平台股权融资接近 2 500 万美元。

更令人吃惊的是，Kickstarter 众筹网站居然用了不到 5 年的时间就达到了这个水平。它于 2009 年 4 月 28 日成立，当时大多数人认为这个想法太疯狂，尤其是传统投资者和银行。发展初期成交量并不大，成立之日仅有 40 人为 7 个项目投资了 1084 美元。到 2014 年

3 月 3 日为止，筹资金额最高的一天是 2013 年 3 月 13 日，当日融资 4 029 585.45 美元。

但是，单纯依靠大众并不能保证筹到所需资金，而且无论目标资金是多少，大部分众筹都达不到预期目标。

如果有了大众、有了产品还是不够，那么还缺少什么呢？答案是名人！

流量明星

我们正步入一个创业文化繁荣的时代，创意、资金和全世界不断涌现的人才正在创造史无前例的机遇浪潮。

如何才能创造出不同凡响、引人注目的新产品？答案是：要打造坚实的粉丝基础，他们会在产品面世之前，甚至在意识到自身需求之前就争相抢购你的产品，他们将自己的社会影响力扩展到网络，创造出传统营销手段和广告宣传（至少新创公司无法利用这些传统手段）不可能达到的效果。

对于许多坚持打造、引领自己品牌和影响力的流量明星而言，这种做法似乎正在发展成为一种核心能力。比如，2007 年 7 月 13 日，贾斯汀 · 伊扎里克（网名 iJustine）上传了一小段视频，内容是拆开 300 多页的苹果 / 美国电话电报公司账单，[7] 仅仅 10 天点击量就突破了 200 万次。这段视频使得伊扎里克从默默无闻的普通人成为最早一批用摄像机记录全天生活的社交媒体达人之一。

2007 年在报道伊扎里克的消息时，我们很清楚，她是依靠影响力的惊人力量赢得关注的新一代流量明星。她的视频引起的轰动也促使美国电话电报公司改变了向客户寄送上百页纸质账单的惯常做法，表明企业开始倾听客户的诉求。

尽管绝大部分企业还没有充分认识到优兔及其视频内容的价值，但是自 2007 年以来，优兔产生的视频明星和关注社交媒体的公司已经越来越多。然而，影视行业的“专业视频”领域似乎仍然固守传统财富的金字塔心态。

最明显的流量明星效应发生在娱乐行业，在这里，现在的明星可以一下越过中间媒介的沼泽，而之前这些媒介一直把持着通往娱乐圈的入口。16 岁时，名不见经传的洛德（Lorde）将自己的歌上传到了音云（SoundCloud）网站，这个网站被称为音乐领域的优兔。乍一听，音云网站之于音乐就像优兔之于视频一样重要，但其实并非如此。她很快就拥有了大量粉丝，被火山岩唱片公司（Lava Records）看中，并当选年度最流行歌手。

在洛德的成名过程中，唱片公司顺应了众包模式，坐等她一路走红并顺势打造她，绕开了传统的造星模式。造星曾经被视为一种单纯的艺术过程，如今通过数据分析方法得到了进一步强化，在某些情况下甚至被完全取代。这种数据分析方法可以战胜背景噪声的干扰，发现世界各地最受欢迎的原创音乐。

企业内部的众筹

此时，你可能认为众筹只是针对处于发展初期的新创公司、独立音乐人或面向消费者的项目。或者，你可能陷入思维的世代陷阱，认为众筹只适用于炙手可热的新兴公司或消费了过多咖啡因的二十几岁的年轻人。这是不对的。

根本上说，创意思维最大的贡献是变革创新方式。一直以来，创新（尤其是大企业内部的创新）必须遵循非常明确的程序，从创意评审会、预算和投资开始，再到概念验证、原型设计、检验，最后才是生产。如果将所有内容浓缩为创意和生产两个步骤，会发生什么呢？

许多公开的众筹案例获得了广泛关注，引起了网络轰动，但也有很多企业在内部发起了众筹项目，比如 IBM 的 iFundIT 项目，从而改变了企业内部创新的传统模式。我们认为这些项目对于大型公司而言至关重要，因为它们拥有许多创意，却又无法更改企业工作流程为其筹集资金。

对于见惯了公开众筹大获成功的 Z 世代而言，众筹的这种内部应用很重要，无法在企业中为新的创意筹集资金就如同让他们用打字机而不用电脑一样令人失望。甚至失望会更大，因为他们可以为自己购买设备，却不能为自己的创意集资。

IBM 的故事：企业内部的众筹

我们采访过迈克尔·穆勒博士，他是 IBM 联合用户体验小组研发团队负责人，也是 IBM 的杰出发明家。我们讨论了 IBM 的

iFundIT 项目，即 IBM 内部众筹的方法。

iFundIT 项目是 IBM 研究院副院长提出的，他想要发起一个和 2003 年开始的 Innovation Jams™ 项目截然不同的新项目。Jams 项目是一个为期 2~3 天的活动，每隔两年举办一次。该活动的主题由管理层精心设计，目的是为了推动创新。IBM 大约有 40 万名员工，几乎每个人都可以用 5 分钟阐述一个创意。让广大 IBM 员工为企业创新贡献智慧是一种很巧妙的制度。Jams 和 iFundIT 这类项目都是源自基层人员的创新，这是 IBM 保持自身生命力的重要举措，超越了单纯的研究活动。

iFundIT 项目提出可行的方法让创意发起者能实践创意，进而将 Jams 项目提升至更高水平，其所需资金基本上是通过 IBM 内部的众筹。第一个 iFundIT 项目投资 5 万美元，这在当时是一大笔资金。研究院有 500 名员工，副院长和其他所有人每人投资 100 美元。这些钱平均到每个人之后听起来并不多，实际上每个人确实不需要投资太多。

项目成员有一个月的时间提出创意、向同事推广创意，并从本部门获得资助，比如纽约的沃森研究中心。这些小组位于同一地点，推广活动主要是在午餐时间和走廊上进行。

我们保证提供大约 50% 的项目经费，并确保大约 40% 的员工参与。这是实质性的参与，我们认为这是巨大的成功。但是，这只是开端。此后 iFundIT 每个试验项目效果都越来越好。

我们最受欢迎并投入使用的 iFundIT 创意是安装网上 3D 打印机。那时，IBM 的沃森研究中心并没有 3D 打印机。提出这个创意的人非常具有创新性，他们在传统激光打印机旁边贴出了广告："现在不想试一试 3D 打印机吗？"不出所料，他们很快就获得了资助。

在那之后，IBM 位于加州圣何塞的阿尔马登研究中心想效仿我们，于是我们也为他们做了项目。阿尔马登研究中心和沃森研究中心在基本研究领域很接近，但阿尔马登研究中心的副总裁更青睐技术提案。他表示阿尔马登需要技术创新，并要求员工进行创新性思考。

几乎在阿尔马登研究中心体验 iFundIT 项目的同时，负责 IBM 诸多创新项目的 CIO（首席信息官）办公室也想做这个项目。与沃森和阿尔马登两个研究中心不同，CIO 小组是完全分散的，员工分布在几十个国家。这个挑战非常有意思，因为员工无法共用走廊或餐厅，而他们也不能一头扎进同事的办公室说："嘿，请你支持我的提案好吗？"员工要在网上说服彼此，而且经常是从未见过的人。

阿尔马登研究中心和 CIO 小组都筹到了两倍于我们的经费，而且几乎全部花完了。事实上，他们还一度面临超支的问题。我们在沃森研究中心的首次项目运作筹集到 41% 的经费，而他们筹集到 100%，如果项目没有终止，甚至能轻松筹集到 110%。它们已成功举办了两次活动，这已成为他们日常创新工作的一

> 部分。不仅 CIO 办公室如此，IBM 所有部门都如此。我们不再对其进行控制，这表明我们已经在 IBM 内部成功实现项目转型并创造了可转换能力。

考虑到 IBM 的规模，我们向穆勒博士了解了不同年龄层在 iFundIT 项目的参与度。IBM 官方并不允许调查年龄之类的人口统计数据，部分原因是顾及公司在欧洲国家运营，这些国家对搜集这类数据有严格要求。有趣的是，穆勒认为公司内部的代际偏见和差异并不明显。

> 我有认识的人在 iFundIT 项目中提出创意，他们来自各个年龄段。有个年轻人，我常常说他“年龄只有我的一半，智商却是我的两倍”。在年纪较长的人员中，一位 IBM 研究员提出过一个项目但并未获得投资，因此并不存在员工俯就管理层的情况。尽管这位 IBM 研究员聪明绝顶并且为公司变革做出了重要贡献，但也许因为创意不够好，他的想法并未获得资金支持。我们一次又一次见证了大众的集体智慧。有些项目得到投资，而有些与资金失之交臂，还有些历经波折终于获得投资。现实就是如此。

穆勒强调，iFundIT 这类项目的基本原则在于 IBM 内部的多样性，并且认识到不会有人总是比别人聪明。“IBM 有一条名言历经了几十年的考验——集体智慧总高于个人智慧，因为难题需要多种洞察力和大量不同视角才能解决。因此，在这种情况下动员员工积极参加的最好办法是保证每个人都享有同等机会、同等预算以及同等地位，我们就是这么做的。”

尽管 IBM 并未正式进行社交网络分析——社交网络的可视化，但是进行了更直观的分析，即通过一系列问题调查每个提案者和所有提案投资人的关系。穆勒表示：

> 我们列出了每个项目所有投资人的清单，并以电子邮件的形式发送给了项目发起者。其中有一个问题是："是否认识这些投资人？" 即："投资人是否完全是陌生人？" 在第一个项目中，40% 的投资者和项目发起者素不相识；在 CIO 小组项目中，这一比例达到 70%。对于创意提案而言，似乎最重要的是创意本身的价值，而不是人际关系。人们跨越了国家、组织和行业的界线，只为了给自己看好的创意投资。
>
> 即使不能直接受益，员工也会投资有益于其他群体或 IBM 文化的创意。这种例子不计其数。
>
> 有趣的是，这种现象目前没有任何降温的趋势。我们感兴趣的一个问题是："如果项目筹资失败，你会放弃吗？这对你来说是一次失败经历吗？" 也没人有这种想法。

深入了解消费者是增加众筹成功率的一种方法。穆勒认识到，在企业内部进行众筹时，至少从 IBM 的经验来看，着眼于公司发展目标的创意是保证众筹成功的关键。

> 我认为，筹资执行人或筹资小组应向提案者和投资者明确阐述项目的核心思想，并对自由创新进行概念界定，这一点十分重要。项目不能让投资人看不到收益，以免提案者做无谓的努力。比如，有一次，提案者提出一个道德方面的项目，之后才意识到主题应该是科技——他们其实最后通过增加目标筹资金额以求失败，因为他们不希望做一些无益于解决公司问题的事情。
>
> 他的想法是：“如果我的创意与公司需求不一致，我就不会着手实践它。我可以接受个人的失败。”这种想法我们并不反对。
>
> 我们意识到，如果要使 iFundIT 项目持续发展下去，我们必须接受一定程度的失败，继续鼓励大家参与。

穆勒最后关于目标驱动性筹资的观点和对被拒项目的处理方法备受争议。直观地说，我们与很多人交流过此类内部众筹制度，他们都想打破限制，让所有创意自由发挥从而促进创新。据我们观察，这是失败的必由之路。除非围绕公司需求设定相应参数，否则不可能有效地拒绝提案或给出反馈。这也使得发展项目的经济收益模式和前景变得极为困难。

IBM 发现，内部众筹与消费者众筹一样，也需要参与度，提案者必须积极宣传，使大众熟悉其推广的创意，吸引大众。理想状况下，可以借助他们将消息传播到自己力不能及的范围。仅仅提出一个“伟大的创意”然后坐等人们追捧是行不通的。穆勒表示：

> 对于项目提案者和筹资项目或宣传活动的组织者而言，积极宣传同样重要。在沃森研究中心开展项目时，我们每周发布项目简报，并清楚地发现，每周一简报发布时，员工的参与度都会明显上升。
>
> 在阿尔马登研究中心，他们召开了一次全体大会，每个人有 2 分钟的时间推广自己的项目。由于 CIO 小组不在同一地点，所以他们采用更分散的网上推广方式。显而易见，内部众筹需要大范围的推广。有时，一些投资人如果非常中意某个项目也会参与项目的推广。
>
> 阿尔马登研究中心另一个非常有趣且成功的推广技巧是利用人工远程操作的社交机器人。社交机器人在中心的走廊里跑来跑去，推广社交机器人项目，自然得到了投资。要引导大众投资，项目发起者的推广活动和所有者或执行者的宣传推广同样重要。

总之，重要的不仅是提出项目创意，而且要说服大众相信并参与，至少也要让他们为项目集资，甚至把它当作自己的项目广泛宣传。

叠层实体制造

苏曼·穆拉穆迪初中毕业后隔了一段时间才上高中。如果你有孩子、侄子、侄女或孙辈的话，就会知道处于这一过渡时期的孩子有多难对付。在这期间，一切都在改变，青春期的身体和大脑开始快速发育，而孩子自身并不能很好地适应这种改变。

青春期那段时间，青少年精力过剩而又漫无目的，会通过一些活动分散注意力，免得惹麻烦，最多的就是捣鼓自动驾驶仪。但是穆拉穆迪没有这样做，他的青春期躁动找到了其他释放出口。穆拉穆迪六年级的时候，学生家长筹款为他的学校购买了一台 3D 打印机生产商 MakerBot 公司生产的 Thing-O-Matic（3D 自动成型）打印机。MakerBot 公司的创办者之一布莱·派提斯（Bre Pettis）曾经是西雅图公立学校的老师，从 2009 年开始出售家用 3D 打印机，这个品牌是 3D 打印机消费市场最知名品牌之一。

3D 打印机原理非常简单，用树脂塑料一层一层地打印来制造 3D 物体。它不仅是新奇之物，而且能打印出使用者想象出的所有物品。3D 打印机能打印简单的玩具、可佩戴的珠宝，以及需要工作齿轮的复杂物体，如今甚至还能打印食品和内脏器官。（尽管该公司仅供应家用或轻工业用途的 3D 打印机，但现在 3D 打印机在汽车产业、医药产业等商业领域的应用也越来越普遍。）为了使穆拉穆迪的暑假更充实，他的父母决定为他买一台 MakerBot Replicator 2 桌面 3D 打印机。

穆拉穆迪的小伙伴们都热衷于制作自己最喜欢的动作英雄或蒸汽朋克（stempunk），用来装饰手机壳，但他却有不同的兴趣爱好。因为他的父亲是心脏病专家，所以穆拉穆迪在家庭日常对话中耳濡目染，了解到心脏的细微差别。他的父亲认为用声学听诊器很难辨别细微的、低频率声音，穆拉穆迪对此十分好奇。现在这个时代数字化程度如此之高，而医生仍无法听到和记录心音，他对这点极感兴趣。

> 这很有趣，因为我认为无法有规律地记录心音实在太离谱了。在众多事物都能用数字技术进行详细分析的 21 世纪，听诊器作为医学领域的主要仪器，竟然无法实现数字化分析，这令人感到震惊。我发现一个根本问题是听诊器没有数字化，另外一个问题是在听诊器中寻找心音时，其实找的是第三心音和杂音。
>
> 人们曾尝试在胸部表面放扩音器，但没有用。有趣的是，这催生了第一个听诊器的发明。

穆拉穆迪解释道，1816 年以前，医生通常将耳朵贴在病人胸前检查。当时，有位年轻女子找法国医生勒内·雷奈克看病。这位医生将一张纸卷成扩音器的形状，然后把窄的一端放到自己耳边。穆拉穆迪说：

> 基本上，杂音和第三心音都是低频平缓的，不同的位置、振幅、时长表示不同的心脏状况。这些声音靠听力很难分辨，

因此普通医生很难确诊。最终，这些病人只能求助于费用昂贵的超声心动图。此外，由于医生的心动图水平和经验不一样，导致出现许多假阳性结果和漏失假阴性结果。医生发现异常心音时，通常会让病人做超声心动图。尽管这种检查可以排除所有疑症，但从资源和经济的角度来说，让所有病人都做超声心动图是不现实的。此外，提高准确率也可以减少假阴性情况。

还有一种技术叫作心音图。这种技术很早就出现了，可以直接记录心脏的声音并打印出波形图。这种技术有10~20年了，但问题是费用高，而且要使用大机器。与模拟听诊器相比，这种技术并没有广泛使用，很快就不受欢迎了。不过，这进一步说明，将心音用波形图描绘出来能提高诊断的准确性。

所以，我要解决两个问题：第一，目前还没有数字化记录和存储心音的好方法；第二，没有像常规听诊器那样真正实用的心音图技术。带着这两个问题，我又前进了一步。

说到这儿，我们需要提醒一下。这是一个15岁少年在谈论自己从初中毕业到高中入学这段时间的经历。如果你对穆拉穆迪的成熟以及清晰的思路印象深刻，那么可能会想："这孩子肯定是同龄人中的佼佼者，是个天才。"毫无疑问，穆拉穆迪很聪明。通常，为了使受访者的回答在书中语境下更加连贯，我们要回访采访对象，请他们重新组织回答内容，但穆拉穆迪不需要。刚才看到的就是他与我们分享的内容。

那么，我们是否应认为，聪慧异于同龄人的苏曼·穆拉穆迪不能作为 Z 世代的典型代表？在我们看来，这种看法无论如何都不妥当。苏曼·穆拉穆迪代表他那一代人发出声音。对于任何年龄的 Z 世代人来说，他的观点都值得关注。

我们之所以着重讲述穆拉穆迪的故事，是因为他深谙创造和破坏的力量，Z 世代所拥有的这种能力让你忽略了他的年纪。

如果不告诉你穆拉穆迪 15 岁，你能猜对他的年龄吗？当然不能。在采访过程中，我们也不得不时刻提醒自己这一点。不过，他也不是你认为的那种异类。在撰写本书过程中，我们有机会采访到很多出生于 Z 时代或接近 Z 时代的孩子们，不断给我们留下深刻印象。这些孩子都有强烈的目标感和自信心，很容易被人误解为骄傲自满，甚至趾高气扬。但是，正如我们在第一章所说，他们即将面临的挑战极其艰巨，我们最好庆幸他们对自己的能力和潜力有如此的自信。

在圣迭戈，我们采访了一名年轻女子。尽管她不出生于 Z 时代，但她展现出很多 Z 世代独有的态度。她认为在哈佛大学学不到什么东西，因此刚刚从那儿辍学。她想要引起全世界对年轻女孩地下性交易盛行的关注。

对于 Z 世代来说，透明度不仅带来了难以忽视的行动号召力，也使得他们深信自己可以做真正有意义的事。这种动力似乎与许多历史上的伟人极其相似，但是 Z 世代的不同之处是，在此动力基础上，他们都拥有将想法变成现实的工具。

苏曼·穆拉穆迪的经历就是很好的例证。好奇心和创造力并不少见，但是，能轻松使用诸如 3D 打印机等颠覆性工具来实现创造力却是前所未有的，这也彻底改变了 Z 世代人的经历。MakerBot 3D 打印机赋予穆拉穆迪将个人想法变为现实的能力。他发挥自己的聪明才智并大量实验，发明出一种新型听诊器，让病人在配合医生诊断心脏异常情况时更加积极主动。

穆拉穆迪还运用 MakerBot 3D 打印机和基本零件，将声膜片放入苹果手机壳接收低频率声波，声波通过手机壳内置的电子管传入苹果手机的扩音器。

穆拉穆迪发明了第一个由苹果手机驱动的听诊器，取名为 Steth IO。随后，这个 15 岁少年与他的父亲共同创办了层云科学公司（StratoScientific）。随后，又一款 3D 设备 LesionSizer 也很快面世。LesionSizer 用于诊断动脉狭窄，为动脉支架提供最优位置。穆拉穆迪已经申请了这两项发明的专利。

对于穆拉穆迪来说，排除前进道路上的困难，关键在于将概念即时转化为真实设备。

> 意识到自己能够制造出任意一种实物，这在一定程度上打破了想象力的局限。我们的思维很容易被困在一个盒子里。我们首先对预设的现实有了概念，知道什么是自己能够制造出来的，就是那些大家认为现实可行的目标。你能够轻松构想的领域越大，你的想象力水平就越高。它以这种方式解放你的创造力，让创造力更加灵活、更加广泛。

穆拉穆迪对于Z世代解决问题的思维方式也很有见地。我们问他Z世代“跳出盒子”思考的创新思维到底有多强。他说：

> 我认为这包括两方面。第一，盒子肯定是在变大。同时，接触到科技的人的年龄越来越小，也就意味着他们的经验较少，但拥有更多的技术来实现想法。
>
> 显然，经验会为你提供优势，会让你凭直觉知道如何着手创造或迎接挑战。但是，过于依赖经验反而会限制你。经验本身不是坏事，但可能会被当作拐杖。
>
> 比如，我很小的时候就接触到了3D打印机。我积累了经验，当然这种经验越多越好。所以，不能片面地说经验较少就有助于创新。我会充分利用经验，但也会跳出经验思考，那样我就不会被经验所辖制。盒子其实就是你的经验，要跳出盒子思考，你必须接受这个现实——盒子并不是唯一的解决途径。我想，如果小时候曾利用技术进行创造，会更容易做到这一点。

我们进一步谈到失败在创新过程中的作用以及其他世代的人对此所持的不同观点，穆拉穆迪表示：

> 对于我来说，很难比较我们这代人与前人对失败的理解有何不同，因为我不属于那一代人。我真的不知道他们会怎样看待这个问题。但是作为一名九年级的学生，我认为我们这代人

至少在“失败和犯错是成功的必经之路”这一观点上有所认识。

我相信，如果不曾失败，就不可能成功。因为如果从未经历失败，没有尝试过未知事情，就不会跳出盒子思考。

我认为，人们害怕失败的原因有两个。第一，害怕丢脸，因为失败会受到大众的批评。我不明白为什么有人会因为害怕难堪而不尝试新事物，我认为更多是因为不安全感。要学会给自己安全感，确定自己正在做的、努力完成的事情以及在有生之年想做的事情，以此获得安全感。而别人的评判只是别人的评判而已。最终，由你自己来决定是接受别人的评判，还是接受自己的评判。

如果不愿意失败，不愿意承担风险，那么就不能得到进一步发展。我宁愿失败，宁愿失去、跌倒之后抓住机会更上一层楼，也不愿因为害怕失败而停止不前。至少我是这样认为的。这可能更多是一种个人选择，我想很多人会有不同意见。如果我真的只有一次机会、一次生命，我也会抛弃轻松的道路，努力做到最好。我认为最终没什么可失去的，因此这一生不妨尽可能地去做自己能做的事情。至少这是我个人对于承担风险的看法。

我们可以看到，许多Z世代人与穆拉穆迪的想法相同。然而，现在发生的事情不仅仅是态度上的转变，促使其发生的显然还有MakerBot 3D打印机，它能够将想法转化为实物。

我们不能简单地将 3D 打印看成是一个新奇的事物、一件工具或一个玩具。而且，我们不能忽视它体现在制造业中的惊人力量，它大大缩短了将创意转变为产品的过程，这个过程原本需要耗费大量的时间与金钱，哪怕是简单的原型制造也十分昂贵。这也是新产品常常出自知名公司的原因。

这就是我们将 3D 打印视为具有重要意义的颠覆者的原因：它提高了实验效率，实现了高效益的个性化制造，也在概念与实物之间搭建了一座实时的桥梁。在许多方面，这与透明度不断强化的 Z 世代主旋律是一致的，因为这使得新想法能够按照实际价值得以呈现。穆拉穆迪说：

> 科特·柯本（Kurt Cobain）有一段关于年轻人责任的话十分有趣，这几年我将之改编为："每一代人的责任就是对前一代人提出质疑。"我想，以前人们可能认为质疑与反叛、不信任是同义词，但在我心里它的含义完全不同。
>
> 认可并相信老一辈人的智慧、知识和经验是有价值的，并不意味着对此一个问题都没有，并不意味着不提出质疑，因为我们最终都受自然规律的支配。
>
> 对于年青一代来说，质疑前人所说的话绝对很重要。这种质疑不是源自不信任、不尊重，而是对知识、真理和"最佳方式"的探寻。我想，拥有质疑的自由很重要。有时候，这种质疑没有被视为好奇，而是被误认为不尊重。在我看来，提出质

疑十分重要，它促使人们建立正确心态，这种心态就是要求合理解释，并且如果没有合理解释便勇于挑战现状。

最后，我们问穆拉穆迪对于多代工作环境的看法，他说：

> 我想，多代劳动力一起工作带来了很大的希望，因为这意味着不会只有一种思想统治世界。不同类型的人、不同背景的人、不同年代的人、不同年龄的人带来了看待问题的不同方法。这将推动现状的变革，推动多面、灵活以及创造性思维的发展。同时，我想有必要减少各个世代之间的摩擦。我认为，我们作为一个社会整体，不会总能接受或考虑到不同的观念。有时我们可能过快地忽视了其他年龄段人们的想法，这对全球化进程可能会起到反作用。因为我们对各种不同观念的理解已经越来越深刻，我相信它们会为未来带来巨大希望。

由于 3D 打印技术应用得越来越广泛，穆拉穆迪描述的经验将变为常态。3D 打印将成为 Z 世代的普通技术，就像电子出版成为 X 一代的普通技术一样。这两种方式都能传达观念，但前者会带来更大的影响，因为人们有机会将想法转化为真实有用的物品。

在世界的所有变革方式中，3D 打印的效果可能是最难预测的。诸如 MakerBot 之类的 3D 打印机是创新的平台，它激发了巨大潜力，帮助人们将想法转化为现实。而众筹可以扩大这些想法的宽度和深度。

然而，创新循环的加速和加快获取资金的方式最终会导致一个问题，前几代人一直被这个问题困扰，Z 世代也将如此。这个问题就是知识产权保护。

开源运动

2000 年我们为德尔福集团写了一本白皮书——《网络宪章》(*Web Magna Carta*)。这本书旨在警示软件制造者和购买者，提醒他们软件在网上和云端的售卖方式发生了巨大变化。我们提出的最大胆的主张之一是“软件应该免费”。

那个时候，这是一个很难理解的观念，也不是特别受欢迎。事实上，在一次研讨会上，两名来自微软公司的与会者痛斥我们的观点，认为这对于企业而言太难实现。他们认为这种想法太天真，还说没有企业会信任免费的软件，也没有“真正的”软件开发者会免费工作。2013 年，微软创始人比尔·盖茨就称 Linux 操作系统（最早的开源操作系统之一）只适合“学生以及爱好者”。[8]

事实上，大多数软件产业工作者认为，软件公司必须要有一套盈利的商业模式，才能开发并提供软件解决方案。那时，软件产业逐渐开始注重保护知识产权（我们之后要讨论这一点）。

然而，开源软件却作为一股逆流出现了。开源软件有许多起源，但是一般认为与 1991 年芬兰裔美国软件工程师林纳斯·托瓦兹

（Linus Torvalds）所做的工作有关，他的工作又是基于理查德·斯托曼（Richard Stallman）20世纪七八十年代在麻省理工学院做的工作。

开源软件的使用依据的是"著佐权"① 条款。著佐权是相对于著作权来说的。免费软件基金会赞助的GNU操作系统网站称："根据著佐权，在修改或没有修改的情况下重新发布软件后，任何人都可以自由复制或修改软件。著佐权保证每个用户都是自由的。"[9]

在过去10年里，Linux等开源软件已经进入一些机构的大型软件系统，例如美国政府、联邦航空管理局、梦工厂、美国银行以及纽约证券交易所等。

巧合的是，2013年微软公司是Linux操作系统排名前20位的捐助者之一。尽管我们喜欢说"早就告诉过你"，但事实是开源并不意味着免费。事实上，现在最大的企业软件公司之一红帽公司（Red Hat）早前就采纳、推动并开发开源资源以及Linux操作系统了。红帽公司的软件并不免费。[10]公司年销售额超过10亿美元，大部分是通过付费的用户支持以及解决方案赚取的。通过开源资源赚钱是相当简单的。可以这么想，尽管你建造一座房子所需的木材以及硬件是免费的，甚至房子建成也是免费的，但你仍需支付水电费、维修费、保养费以及升级费。然而，红帽公司和其他少数公司也在试图重新协商软件专利条款。作为一家营利性公司，这不是一件容易的

---

① 著佐权（copyleft）是一种利用著作权体制来保护所有用户和二次开发者的自由的授权方式，除了允许使用者自由使用、散布、修改之外，还要求使用者修改后的衍生品必须以同等的授权方式释出以回馈社会。——编者注

事情，也很难使其合理化。红帽公司网站上有关专利政策的内容清楚地表明："红帽公司一直认为，软件专利普遍阻碍软件的创新发展，并与开源 / 免费软件背道而驰。"[11]

你可能会问：红帽公司怎样保护自己以及自己的客户免遭倾向专利保护的公司提起专利诉讼？下面就是它的回应，摘录自该公司发布的专利政策：

> 我们不得不生活在这个世界上，而这个世界认可软件专利。一小部分大型公司积聚了大量软件专利。我们相信，由于许多软件专利本来就有争议，而且专利诉讼费用高昂，大量软件专利产品可能会被滥用。
>
> 防止滥用的一种方式是，基于抵御目的发展相应的软件专利产品。许多软件公司，包括开源公司以及专利公司，都采用这种策略。为了保护本公司利益，也为了保护和推动开源社区发展，红帽公司采取了相同的办法。这并非我们的本意，因为它和我们反对软件专利的立场是相违背的。然而，谨慎起见，我们还是这样选择。

显然，红帽公司政策传达出的矛盾心情表明，专利制度也处于十字路口。然而，不仅专利制度受到抨击，一般的知识产权概念也成为 Z 世代密切关注的焦点。根本问题是，我们设定的知识产权保护制度是否符合透明化、开放化、全民可获取知识的社会目标。

其中，最能体现人们对知识产权态度变化的是谷歌与图书出版商和作者的长期斗争。谷歌扫描了超过 2 000 万册图书，大部分图书受版权保护。2012 年，谷歌与出版商达成私下和解。然而，美国作家协会仍然单独起诉谷歌。法庭最终判决谷歌有权编制索引、搜索并展现受版权保护作品的一部分。美国巡回法官陈卓光说道：

> 我认为，谷歌图书对实现公众利益有重要意义。它推动了人文与科学进步，且充分考虑并尊重了作者及其他创作个体，没有恶意损害版权所有者的权利。它成为一个非常有价值的搜索工具，使学生、老师、图书管理员等能更高效地找到图书。同时，它使学者第一次能够对数以百万计的书籍进行全文搜索。它保存了那些被遗忘在图书馆深处、不再发行的书籍以及旧书，赋予这些书籍新的生命。它方便了偏远地区或者缺乏资源的人们阅读纸质出版的书籍。它为作者以及出版商带来新的受众以及新的收入来源。其实，获益的是所有人。

公开化趋势并不仅限于红帽公司以及谷歌等营利性组织，一个最典型的案例是非营利性公司维基百科。维基百科属于众包形式的网上百科全书，完全由志愿者利用自己的时间与知识自由制作完成。

维基百科已经创建了 450 万个词条，有人认为它导致了《大英百科全书》等纸质百科全书的消亡。维基百科没有广告预算，由会员撰写、编辑和监督。但是它的影响仍然很大，对许多人而言，维基百科是他们使用最多的参考来源。维基百科网站的访问量在世界排名第七［访问量排名前六的网站分别为脸书、谷歌、优兔、雅虎、Live.com、VK.com（相当于俄国的脸书）］。[12]

维基百科的成功不仅仅是因为它包含巨大的信息量，还因为人们对它的信任。因为它对词条提交形式和内容以及不接受付费词条（指的是提交词条的人可以从文章中获利）方面有严格规定。

显然，我们现在正处于一个重要时期，人们对于专利的态度——包括其作用、价值及其对创新的阻碍等——正在发生变化。我们教的研究生班级中，学生关于废除专利保护的看法，支持者与反对者各半。但在本科班级，八成学生认为专利保护很荒谬，它是创新缓慢的年代遗留的产物。他们认为，绝大多数专利仅仅是一个许可证，大公司利用其延缓创新，这样它们就能从过时的技术中获得最大的价值。

我们听到很多人对这种态度不屑一顾，认为这表明这些学生还没“长大”。但是我们并不这样认为。尽管这种想法可能含有理想主义因素，但也是变革的种子。这种子由年轻人播下，他们有能力重新审视那些过时的行为和态度。

令人惊讶的是，美国最著名的早期投资者之一本杰明·富兰克林强烈主张，新发明不应被授予专利，而应使大众受益。

你会说富兰克林有这种理想主义观念是因为他一开始就十分富有。那么埃隆·马斯克呢？他是特斯拉公司的创始人、最受尊敬的现代创新者，最近他开源了特斯拉公司的所有专利。我们在调查中发现，在所有年龄段的人群中，74% 的人认为专利商标局这个机构已经过时了，需要彻底改革，20% 的人认为它最终毫无用处。

尽管这些态度转变一直都伴随着世代转换——每一代人都在挑战上一代人的智慧——但是两代人之间的行为有巨大差别，这种差别程度不是在沙地上画的界线，而是几十年间累积起来的骄傲的堡垒。专利和商标制度没有被取消的原因是，建立该制度的人利用它的有效性或无效性来积累资本。例如，增长最快的一类专利诉讼与专利流氓相关。一些法律事务所或大型公司专门从专利所有者手中获取未使用过的专利，向可能侵犯了这项专利的中小型企业执行专利权。请注意重点在于“可能”一词。因为，问题不在于专利是否受到侵犯，而在于专利流氓能否让抵制索赔的诉讼费用比申请专利费用更高。因此这个制度造成了法律漏洞，让专利流氓得利，抑制了创新。事实上，谷歌曾经是高智发明公司（Intellectual Ventures）的投资者，这家公司已经是世界上最大的发明专利市场，曾被卷入专利战争中最违背常情的一个曲折案件。互联网泡沫之后，微软前首席技术官内森·梅尔沃德创立了高智发明公司，购买亏损和倒闭的网络公司的专利。起初，公司是为了创建一笔“防御基金”，保护最初的专利所有人的权利不受侵犯。然而，随着公司的不断壮大，它也开始从专利制度中获利。

而一些知名案件的荒唐程度令人震惊。比如，专利授权公司控告所有酒店、咖啡店以及其他机构使用无线网络，声称这侵犯了它的专利，甚至使用无线网络的住宅用户也可能被控告。最终，这个案子尘埃落定，但是这家公司仍然卷走了将近300万美元。

另一个案子里，美国运通公司（American Express）获得CID/CVV代码专利，CID/CVV代码即信用卡正面或背面用来验证交易的三位或四位数字。为使所有人都能使用这种安全程序，美国运通公司将这项专利捐给了一个非营利组织，这样所有人都能使用这项专利。然而，高智发明公司通过它旗下的一家公司从非营利组织那里购买了这项专利，并对美国运通的竞争者执行专利权。

这违背常情吗？是的，违背。但是专利制度就是这么运作的。这样有意义吗？如果大家都遵守规则，那就很有意义。这就是专利应该发挥的作用，保护专利所有者，让发明者获益，为专利的使用创造市场。这样，价值就从专利受益人流向了发明者。

但是停下来想一想。**如果千禧一代与Z世代即刻合作，而后者认为自己有道德义务分享自己的每一个想法，并且坚信共享型经济远远优于人为保护型经济，那么不难想象，随着时间的推移，当Z世代成为社会主流时，对专利以及知识产权的态度将会如何变化。**

如果未来10~20年内专利与商标制度没有发生根本性的全球变革，那才是让人吃惊的事。随之而来的还有著佐权和开源运动的崛起，不仅在技术工业，而且也在其他行业，如制造业，甚至是制药业。

我们知道，这听起来像亵渎这些行业，但是，在每年的制药业审核中，通过审查的药品[13]的平均数从1975年开始就没有改变过，而这段时间内研发数量增长了10倍。[14] 显然，我们现在的合作与创新方式出现了问题。在这种情况下，制度改革就不是一个有趣的八卦新闻，而是必然选择。

发声的机会

生活创意提出了一种新的治理形式，使得民众在统治机构或部门中有了更多发言权，革命性不亚于英国《大宪章》。当然两者还是有差别的，《大宪章》是试图安抚愤怒的人群，对这些人来说，他们发泄不满的唯一途径就是发动内乱进行反抗。《大宪章》这一契约旨在让民众怀有希望，相信拥有权力和影响力的少数贵族将会带来变革。

然而Z世代更像是一条工厂的流水线。日本丰田汽车公司生产体系中的一个关键部分是安灯（Andon）系统。拉绳模式安灯是指在整个流水作业线上设置一条拉绳，在这条作业线上的工作人员发现质量问题或异常情况时，都可以拉动这条绳子。一旦绳子被拉动，检查员就会走过去检查问题，如果在任务完成之前无法解决问题，那么整个流水线就要暂停。位于肯塔基州的丰田汽车制造厂，在一个普通工作日内，拉绳竟然会被拉动5 000多次。

就像丰田生产线上的员工一样，Z世代不会等着别人拉动绳子。每个人都有发言权，每个人都可以叫停。

Z世代凭借一切可用的技术手段改变组织机构长久以来的运作体系。他们有非凡的能力，更多的时候是责任感，而这才是最震撼人心、意义最深远之处。Z 世代明白，从环境的可持续性到教育，未来的挑战都需要全新的商业模式。在结语中，我们会就这一点对形成 Z 世代基础的观点进行总结。

付诸行动

向 Z 时代领袖学习

- 凯瑟琳 · 布雷西，美国代码的社区组织主任
- 贾斯汀 · 伊扎里克，通过她的优兔账户 iJustine 一举成名
- 洛德，歌手兼作曲家
- 迈克尔 · 穆勒博士，IBM 联合用户体验小组研发团队负责人
- 苏曼 · 穆拉穆迪，手机驱动听诊器（Steth IO）的发明者

准备好进入 95 后的圈层了吗？

- 括号中的这三类变革（筹资、制造、知识产权保护），你参加了或者正打算参加哪一种？
- 你能看到以上三类变革的价值吗？你能感受到对它们的阻力吗？为什么？
- 作为一名消费者，你有没有通过众筹平台投资项目？
- 如果你是名投资者或者正在创业，你是否认为众筹这种筹资形式可以代

替传统的融资方式?

- 你所在的组织机构是否将众筹平台当作可以找到最优项目并进行投资，进而促进创新的渠道?
- 你体验 3D 打印技术时是否带有特定商业目的?
- 你如何使用版权开放的商品、产品或者服务?
- 贵公司是否考虑过采用别的方式来代替版权（比如知识共享许可证），保护那些可以申请版权保护的产品?

请在 TheGenZEffect.com 网站上回答完整问卷，测试是否准备好迎接 Z 时代效应。

结 语

走进 95 后的圈层

“如果你想造一艘大船，不要召集人们去堆积木料，也不要向他们布置任务和工作，而要激发他们对浩瀚无垠大海的向往。”

——安东尼·德·圣艾修伯里（Antoine de Saint-Exupéry）

历史长河孕育了一代又一代人，每一代人都在历史上留下了独特的印记，有些改变了世界，有些只是世代交替中的无名一员。

然而毫无疑问，很多人都曾认为自己这一代是人类发展的顶峰甚至是发展的尽头——这一时期里的一些伟大变革和重大决定将会重塑未来。有些年代确实如此，比如公元前 500 年的古希腊伟大启蒙运动和民主原则的诞生；公元 476 年罗马帝国衰亡；17 世纪末的科学革命；19 世纪的工业革命；第二次世界大战；以及太空竞赛。

现在，全人类的重担已经落在了我们肩上。我们面对的种种挑战在本书开篇就已一一列明：恐怖主义升级；全球气候变化；贫富悬殊；全球青年失业；全球债务达到世界生产总值的 313%；[1] 能源价格日益上涨，开发可再生能源已成当务之急；全球亿万富豪比比皆是，而仍有 10 亿人缺少洁净水，25 亿人缺乏基本卫生条件。这些挑战似乎都很棘手。

但是我们不打算写一本关于代际偏见或充满哀怨绝望的书。《圈层效应》是一本充满希望的书，这种希望将整个人类连接起来，赋予我们解决以上问题的能力，促进人类文明不断发展，进而改变世界。

那么，关于 Z 世代，我们已经了解到什么呢？

1. Z 世代实现了简捷化。这本书出版之时，世界上的移动设备数量将会超过全球总人口。将来，我们的汽车、房子、牙刷以及药物都可以实现信息共享。几十年来，我们一直努力去理解技术是如何运作的，现在已经做到了这一点。技术曾经是造成代际分化的主要原因之一，将来却会将各个年龄段的人团结在一起。技术逐渐成为强大的均衡器，是 Z 时代效应的基础，是它将各世代紧密联系起来。

2. Z 世代实现了超连接。最终，我们几乎能够完全即时、简捷、直观地连接彼此，超越所有障碍和国界，包括那些最难以逾越的界限，比如年龄和地域。

3. Z 世代实现了教育大众化。全面普及教育一直以来都是遥不可及的目标。在历史上的大部分时期，对大多数人来说，中学以及中学以上的教育就很难完成，因为人们首先需要生存下来，勉强维持生计。但是现在，教育普及率正在以惊人的速度增长。Z 世代将第一次实现教育全球化的宏伟目标。

4. Z 世代实现了代际统一化。正像一位受访者所说："各代人之间能够分享经验和知识对我们有真正的积极影响。几代人之间相互学习，这给我们的组织机构注入了生机，有利于我们发掘潜力。"

对我们来说，Z 时代效应的最终意义以及我们写作这本书的动力，就是人人都有机会公平地参与创造未来的活动。

奇普 · 西斯和丹 · 西斯在 2007 年出版的《粘住》(*Made to Stick*)[①] 一书中讲到了一种被称作"知识的诅咒"的现象，即具备某种知识的人，有时会想当然地认为其他人也具备同样的知识。我们希望读者在读了这本书之后不要再关注代沟问题，不要再认为代沟是一种自然法则。理解这一点之后，你会决定加入 Z 世代——信息时代的最后一代，超连接时代的第一代。这是一个简单的转变，但我们相信它将引起比以前所有革命都更为深刻的世界性变革。

对 95 后的持续研究

我们吸收知识、与同道中人联络的动力可能来源于我们的文化、

---

① 该书中文简体版已于 2010 年由中信出版社出版。——编者注

信仰、价值观或者某些想法，然而无论是哪种情况我们都会被人类最基本的需求所驱使。

Z 世代不单单是这个旅程中的一个路标。按照我们的浅见，它是人类几千年历程的终点，是人类发展的里程碑。我们已经来到历史上非凡的一刻，所有人都将最终与全球社区紧密连接在一起。

代际分歧是历史遗留产物，常常被认为是理所当然的。通过以上努力，我们有希望迎来一个不受代际分歧阻碍的新世界。

但是，在此之前，每个个体、组织和国家都要完成自己的任务。在这本书中我们已经大概描述了一些这样的任务，但是，我们不想让这些可能发生的事代替为了实现世界变革而应该做的事情。

在本书中，我们举了一些例子，提了一些建议，帮助读者和读者所在的组织做好迎接 Z 时代效应的准备，并从中获利。虽然这些例子和建议没有面面俱到，却是一系列新行为和新态度的核心所在。

我们的目的是要开启一段对话，它会在未来持续一段时间，可能会有争议。对话的核心是要求我们改变一直以来对社会和商业的看法，不再将它们看作截然不同的几代人的集合，这是最基本，也是最困难的改变。代际分歧不再令人耿耿于怀，因为它已经不合时宜了。

每个人都能进入圈层

我们知道本书的前提是很难让人接受的。我们要求读者放弃之前从未怀疑过的想法，比如对每代人持有的偏见。对我们来说，最困难的事情就是抛弃那些我们深信不疑的真理。因为我们从小就接受了这些观念，它们已经深深地影响了我们看待世界的方式，任何对它们正确性的质疑都是在侮辱我们的常识。

关于世代，我们更愿意相信其存在，因为我们将自己看作某一代人。它可以解释我们的身份，解释我们的行为方式，或者至少可以解释我们曾经用来定义自己的方式。但是，信仰无论采取何种形式，只有产生有益结果时才有价值，否则，信仰不过是控制行为的教条，既侵害自由意志，又阻碍向前发展。

我们通过本书认识到，世代归属感已经无法激励我们前进。相反，这种做法将我们束缚在过去，阻止我们有效地合作，并且将那些除了年龄以外拥有很多共同之处的人们割裂开来。定义一代人特点的元素已经不适用了，比如独特的技术、工作方式、无法接受新想法和新经验等。如今，我们在生活、工作以及娱乐中使用的工具几乎一模一样。

我们当中还有人选择脱离社会跑到赫尔曼·梅尔维尔笔下与世隔绝的塔希提岛吗？当然有人会。但是更多的人，也就是大部分人将会在同一个技术和社交平台上一起生活、工作、娱乐。我们在这方面适应得越好，就越能应对越来越复杂的世界，迎接共同的艰巨的挑战。

在你的生活中或所在的组织里，你应该问的问题是：

◎ 我是否将自己局限于某代人，因而限制了自己挑战落伍观念和行为的能力?

◎ 我是否习惯性地将他人定义为某代人，并对他们的观念和行为产生偏见?

◎ 我是否坚持自己习惯使用的旧技术（就算其他人已经通过技术反弹选择了新技术），只是因为我亲身经历了这种技术的发展?

圈层影响着每一个人

事实上，我们都已经成为，或者可以成为未来的创造者。

作为个体承担起创造未来的这一重担听起来让人望而却步。但是我们每个人确实都在发挥作用，尽管大部分人的作用微不足道。我们都会通过超连接凝聚成为一股强大的世界性力量，但与此同时我们还是独立的个体。连接可以壮大我们的实力，但不会消除我们的个性。这本书中论述的 6 个特点可以放大我们的声音，提高我们的影响力，增强个体的影响。

然而，个体如何改变整个世界？ 1972 年 2 月，巴克敏斯特·富勒在接受采访时做的解释是最精彩的：

想一想玛丽女王号在海上航行，船上有船舵，船舵的边缘有一个平衡调整片。这个平衡调整片就是个微型船舵，只要拨动这个小小的调整片，就能产生压力，旋转船舵，几乎毫不费力。所以我认为，渺小的个体就像平衡调整片。社会依靠个人正常运转，个人掌控着整个社会。如果某个人有创新的想法，那么其实只需抬抬脚，国家这艘大船就即刻开动。

所以我说，请叫我平衡调整片。[2]

Z 世代人早已扬帆远行。在大船起航时，不管你是否买了船票，一直坐在座位上还是一直站在船栏边，你都是一名踏上美妙旅程的乘客，领略不曾见过也不曾想象过的壮丽景色。你可以欣赏这些景色，并为之惊叹，你也可以舒服地坐在包厢里睡觉，等着船靠岸。这取决于你自己。

只要记住，在这趟旅行中，没有安全的港湾，只有一望无际的大海。

欢迎来到 Z 时代。

附　录

逆向导师制简要指南

86% 的组织机构并不熟悉逆向导师制，所以我们做了一个简要指南供大家参考，希望可以帮助读者熟悉这一机制并有兴趣实施自己的逆向导师项目。

什么是逆向导师制度？逆向导师制度是指导师和学徒之间的学习关系。其中，导师更年轻，熟知新的技术或社会行为；学徒生活经验丰富，但是对于新技术或新的社会行为不了解。

谁采用了逆向导师制？虽然只有 14% 的公司实施了逆向导师项目，但其中有些发展得很好，比如美国通用电气公司、哈特福德公司、奥美公司、惠普公司以及思科公司。

为什么选择逆向导师制度？教导关系是工作和生活中最有价值、

最有意义的一种关系。前提很简单：让经验丰富的导师将专门技能知识、成功和失败的经历以及信心传递给经验不足的新手。这就是逆向导师制的前提，只不过逆向导师反而更年轻，生活经验不那么丰富，但是更直接地经历了新技术和新行为。逆向导师熟悉最新技术，最重要的是他们熟悉伴随这些新技术出现的社会行为和态度。

为什么说逆向导师制是有价值的？虽然很容易描述，也很容易理解，但是逆向导师制非常少见。如果问逆向导师是什么样的人，大部分人很可能会想到他们的孩子或者孙辈、侄女或侄子。我们在工作中很少有逆向导师。

逆向导师制最大的无形价值之一在于其向双方传递的信心。学徒学习导师最新的理念，导师能够与更有经验的人一起工作并获得认可。

虽然最初逆向导师制度旨在帮助高层员工熟悉新技术、新行为和新观念，但是也让担任逆向导师的年轻员工意识到自己的见解和观点是值得分享的、有价值的。

从时间和精力方面来看，对逆向导师有什么要求？这取决于具体的情况需要。通常，导师应该抽出一到两个小时指导学徒从而培养师徒关系，可能每月一次，或者刚开始的时候每月两次。最重要的是，无论刚开始还是在过程中，要协商好导师的指导时间以及学徒的需求。

逆向导师制一般持续多长时间？虽然传统师徒关系可以持续几十年甚至是一生，但是逆向导师制更重视短期高强度学习。这种制度集中传授一系列的专门经验，而不是传授一生所学。然而，有些情况下，逆向导师制可以持续很长一段时间。这取决于参与的个人和所在的组织在细节和时间投入上的关注和支持力度。

导师和学徒如何配对？传统的师徒关系是师傅和徒弟通过相互接触或隶属关系建立联系的有机过程。然而在逆向导师制中，首先是徒弟联系导师，从导师那里获得初步的建议和指导。鉴于这种关系经常是在单位内部形成，所以导师必须得到单位支持，才有时间建立这种有意义的关系。通常，公司会将正式的导师制项目落实到位，比如美国通用公司前首席执行官杰克·韦尔奇在 1999 年发起逆向导师制，该制度引导学徒找到合适的导师。

为什么逆向导师制没有被更广泛地采用？德尔福集团调查的 600 家组织中，有 56% 采用了导师制。但是奇怪的是，逆向导师制在商业领域却很少见，这 600 家组织中只有 14% 采用了逆向导师制。现在还不清楚为什么逆向导师制度没有引起更多关注。我们猜测一部分原因是现在很多职场人士面对巨大压力，不得不把时间和精力投在具有切实回报的任务上，或者他们用同伴之间的互相学习代替了导师制。无论什么原因，大部分人压根儿都没想过要联系或请求某个人来做他们的逆向导师。

哪些人是最称职的逆向导师？虽然导师和学徒之间的化学反应很微妙，但称职的导师有一些基本特质。其中包括：

1. 愿意花时间和精力指导别人，以期看到被指导对象不断成长、获得成功。

2. 在新技术和新态度方面拥有丰富的成功和失败的经历，并乐意坦诚地同被指导对象分享——不管是好的、坏的还是丑陋的。

3. 对于建设联系紧密、跨越年龄层次的团体非常感兴趣，热衷于在团体中分享知识，而不在意团体成员的年龄。

4. 有能力、有兴趣，而且有单位支持，可以专门抽出时间进行指导。

5. 以前被指导过（传统的或反向的），获得了积极体验，因此明白逆向指导的价值。

这篇逆向导师制简要指南只是一个开端。为了有效地利用逆向导师制，你应该将其作为单位的核心制度之一，并获得领导层以及组织文化的支持。如果你正在实施导师制，那么你已经距离目标不远了。如果你没有采用导师制，那么不妨想一想落实这样一项正式机制有多么重要，它能让组织成员跨越世代界限、彼此分享知识。

特别献词

在我们开始合作撰写《圈层效应》之前，我们的一位密友兼同事卡尔·弗拉保罗不幸离世。

卡尔是美国德尔福集团创始人之一，是知识管理领域的先驱。他思想深刻，不知疲倦，有着令人惊叹的机敏和才智。他有非凡的能力，可以从容应对任何场合，无论多么艰难，他总能让人感到放松。卡尔可以悠闲地走进狮穴，然后微笑着走出来，毫发无损，而狮子还在那里笑得打滚儿。

在过去25年里我们跟卡尔一起工作，我们一起打造了两个举世瞩目的公司，同时还结下了深厚的友谊。我们分享过数不尽的点子，以及对于科技改变世界的各种想法。

卡尔无尽的幽默感以及对生活无尽的热爱促使我们不断深入探索并最终理解了我们的目标。同卡尔交谈不仅极大地激发了我们的精神活力，更重要的是向我们传递了一种激情，这种激情使得我们的工作快乐而有趣。

对工作乐在其中，努力工作而不知辛苦，明白工作的意义所在并从中获得满足，这听起来像是陈词滥调，但是，同卡尔工作正是这样一种状态。他永不消退的激情总是让我们感到惊讶，让枯燥无聊的事情变得有趣。

在人生旅程上失去这样一位伙伴着实让我们伤心难过，但同时也提醒我们两个，在生活和工作当中快乐是必选项，激情绝不是副产品，友谊也不是马后炮——除非你的目标已经超过自己的能力范围。

我们相信，如果能够生活在 Z 时代，卡尔应该过得非常惬意。即使不能全部接受 Z 世代的新行为或新技术，卡尔也会欣赏 Z 世代传递的希望、怀有的目标，以及无限的未来，因为这是他一直拥护并奉行的理念。

注 释

前言

1. Sudeep Reddy, "Number of the Week: Total World Debt Load at 313% of GDP," Real Time Economics, *The Wall Street Journal*, May 11, 2013, http://blogs.wsj.com/economics/ 2013/05/11/number–of–the–week–total–world–debt–load–at–313–of–gdp/.
2. 工作年限是指一个人可以领薪受雇（兼职或全职）的时间。
3. 精通物理学的读者请注意，在描写地球引力对下落物体的作用时，我们举了一个显得过于简单的例子，没有包含其他变量，比如空气阻力、物体下落的高度以及物体自由下落的速度。
4. 如果做一个乘法运算：13 × 5=65，比我们以 5 岁为组距的年龄分组方式多了一岁。出现偏差的原因是我们为第一个年龄组赋值的起始年龄不是 1 岁而是 0 岁，因此我们的年龄分组是：0~4 岁，5~9 岁，10~14 岁……以此类推。

第一章

1. DJ Saul, “3 Million Teens Leave Facebook in 3 Years: The 2014 Facebook Demographic Report,” *iStrategyLabs*, January 15, 2014, http://istrategylabs.com/2014/01/3–million1.–teens–leave–facebook–in–3–years–the–2014–facebook–demographic–report/.

2. “Zero to Eight: Children’s Media Use in America 2013,” *Common Sense Media,* Fall 2013, https://www.commonsensemedia.org/sites/default/files/research/zero–to–eight–2013.pdf.

3. 人口学家通常将我们所说的微世代称为“同龄人”。同龄人生活在同一时代，亲历过同一件大事件，比如我们当中曾经亲历过人类第一次登月事件的那些人就可以算是一批同龄人，因为他们有共同的经历。我们之所以采用“微世代”这种说法是要指出每一代人都被压缩进了一段极短的时间区间里。

4. Philip Elmer–DeWitt, “Jan. 1984: How Critics Reviewed the Mac,” *Apple 2.0, Fortune.com*, January 12, 2009, http://fortune.com/2009/01/12/jan–1984–how–critics–reviewed–the–mac/.

5. Jeff P. comment on “The Future of Reader Store in the US & Canada Sony,” accessed May 12, 2014, https://blog.sony.com/2014/02/the–future–of–reader–store/comment–page–1/.

6. “Mobile Messaging Futures 2013–2017,” *Portio Research*, accessed April 26, 2014, http:// www.portioresearch.com/media/4532/Mobile%20Messaging%20Futures%202013–2017%20SAMPLE%20PAGES.pdf.

7. Joel Penney, “The Sip: Marco Rubio’s Viral Moment and the Triumph of Political Style,” *Viral Politics*, February 19, 2013, http://viralpoliticsblog.wordpress.com/2013/ 02/19/the–sip–marco–rubios–viral–moment–and–the–triumph–of–political–style/.

8. Bryan Wood, “Twitter / Bryanwx: A Woman Attempting To Take...,” February 13, 2014, https://twitter.com/bryanwx/status/434106544263675904.

第二章

1. “World Population to 2300,” United Nations, 2004, accessed April 24, 2014, http://www.un.org/esa/population/publications/longrange2/WorldPop2300final.pdf.

2. Mary Kruhm, “Mead, The Polymath,” in *Margaret Mead: A Biography*. (Westport, CT: Greenwood Press, 2003).

3. Tony Bradley, “Study: The Traditional Office Will Soon Be Extinct,” *PC World*, June 17, 2014, http://www.pcworld.com/article/2364272/study–the–traditional–office–will–soon–be–extinct.html.

4. GSA Office of Governmentwide Policy, *Workspace Utilization and Allocation Benchmark*, July, 2012, http://www.gsa.gov/graphics/ogp/Workspace_Utilization_Banchmark_July_2012.pdf.

第三章

1. 一个技术发展成熟的周期问题是一个热议的话题，因为时间周期取决于你从什么时候开始计时。如果从这一技术刚被发明出来时开始计算，50 年是一个比较保守的数字了。比如，无线电技术经过了 38 年或 58 年才发展成熟，这取决于我们选择的无线电技术起始时间是 1887 年海因里希 · 赫兹（Heinrich Hertz）通过实验证实了电磁波的存在，还是选择 1907 年伽利尔摩 · 马可尼（Guglielmo Marconi）发明电报。如果你想从无线电技术商业化开始计算，这个周期还要缩短，因为无线电技术的基础设施是不断普及完善的。比如电视机技术充分利用了无线电广播技术，因此发展周期为 13~39 年，具体时间也是取决于我们从什么时候开始计算。

2. Gisle Hannemyr, “The Internet As Hyperbole,” accessed March 26, 2014, http://hannemyr.com/en/diff.php.

3. 连接点的总数是根据节点数计算公式 (n) n(n – 1)/2 计算出来的。

4. 作者综合了从每个产业获得的数据以及德尔福集团对传感器和设备扩散的研究数据，得出了设备数量。

5. 见《斐德罗篇》。

6. Bill Moyers, “Segment: Sherry Turkle on Being Alone Together,” October 18, 2013, http://billmoyers.com/segment/sherry–turkle–on–being–alone–together/.

7. Alexander Graham Bell’s Telephone Patent Drawing and Oath, 03/07/1876, n.d., http://research.archives.gov/description/302052.

8. Wikipedia Commons, “Osborne I open,” accessed April 26, 2014, wikipedia.org/wiki/File:Osborne_1_open.jpg.

9. Diane Mapes, “We’re Married, Sleeping Separately,” CNN.com, September 12, 2008, http://www.cnn.com/2008/LIVING/personal/09/12/lw.sleep.alone.when.married/.

10. Andrea Peterson, “The Six Types of Conversations on Twitter,” *The Washington Post*, February 20, 2014, http://www.washingtonpost.com/blogs/the–switch/wp/2014/02/20/the–six–types–of–conversations–on–twitter/.

第四章

1. http://data.worldbank.org/.

2. Wikipedia Commons, “Internet Users per 100 Inhabitants,” accessed April 26, 2014, http://en.wikipedia.org/wiki/File:Internet_users_per_100_inhabitants_ITU.svg.

3. 基于苹果公司 2010 年第一季度财务报表。

4. Gartner, Inc., "Gartner Says Worldwide Tablet Sales Grew 68 Percent in 2013, With Android Capturing 62 Percent of the Market," March 3, 2014, http://www.gartner.com/newsroom/id/2674215.

5. Erickson Living, "Seniors Shed Common Myths as They Adopt Social Media," December 9, 2013, http://www.ericksonliving.com/blog/technology–for–seniors/seniors–shed–common–myths–as–they–adopt–social–media.asp.

6. Paul Sloan, "49 Percent of Online Seniors Use Facebook," *CNET*, June 8, 2012, http://www.cnet.com/news/49–percent–of–online–seniors–use–facebook/.

7. Aaron Smith, "Older Adults and Technology Use," *Pew Research Center's Internet & American Life Project*, April 3, 2014, http://www.pewinternet.org/2014/04/03/older–adults–and–technology–use/.

8. "GWI Social January 2014 GlobalWebIndex Report Series," accessed April 26, 2014, http://insight.globalwebindex.net/gwi–social–january–2014.

9. Fred D. Davis, "User Acceptance of Information Technology: System Characteristics, User Perceptions and Behavioral Impacts," *International Journal of Human–computer Studies / International Journal of Man–machine Studies,* 38, No. 3 (1993): 475–487, accessed April 26, 2014, doi:10.1006/imms.1993.1022.

10. Andrew Maier, "A Chat with Bill Gribbons," March 21, 2013, http://networkedblogs.com/Jxwoj.

11. Nathan Clevenger, "How the iPad Conquered the Enterprise," *Datamation*, July 29, 2011, http://www.datamation.com/mobile–wireless/the–ipad–and–enterprise–it.html.

12. Richard Padilla, "Apple Q1 2014 Numbers: $158.8 Billion in Cash, 65 Billion Apps Downloaded, and 420 Total Retail Stores," *MacRumors*, January 27, 2014, http://www.macrumors.com/2014/01/27/apple–q1–2014–sales–numbers/.

13. As of March 26, 2014, from http://www.apple.com/about/job–creation/.

14. Mihaly Csikszentmihalyi, *Flow: The Psychology of Optimal Experience*, New York: Harper & Row, 1990.

15. "Social Support and Lasting Weight Loss," Weight Watchers, last modified, December 17, 2011, https://www.weightwatchers.com/util/art/index_art.aspx?tabnum=I&art_id=20911&sc=804.

16. "CES Press Release—2015 International CES, January 6–9," *Consumer Electronics Association*, December 2, 2013, http://www.cesweb.org/News/Press–Releases/CES–Press–Release.aspx?NodeID=31f2b670–9a21–418a–b5d9–23dde67a758c.

17. Susannah Fox and Maeve Duggan, "Tracking for Health," *Pew Research Internet Project*, January 28, 2013, http://www.pewinternet.org/2013/01/28/tracking–for–health/.

18.Jan Soults Walker, "Benefits Of Steam Washing Machines," *Houselogic*, November 24, 2010, http://www.houselogic.com/home–advice/appliances/steam–washers–dream –come–true–jetsons–style/.

19. "A history of Microsoft Windows," *Microsoft*, accessed April 26, 2014, http://windows.microsoft.com/en–us/windows/history#T1=era0.

第五章

1. Robert B. Cialdini, *Influence: Science and Practice*, 5th ed. Boston: Pearson Education, 2009.

2. "RetailNext Hits New Heights in Retail Big Data," *RetailNext*, April 3, 2014, accessed April 26, 2014, http://retailnext.net/press–release/retailnext–hits–new –heights–in–retail–big–data/.

3. “Gross Domestic Product 2012,” *World Bank*, accessed April 26, 2014, http://databank.worldbank.org/data/download/GDP.pdf.

4. Patti M. Valkenburg and Moniek Buijzen, “Identifying Determinants of Young Children's Brand Awareness: Television, Parents, and Peers,” *Journal of Applied Developmental Psychology* (2005): doi:10.1016/j.appdev.2005.04.004.

5. “Interbrand Best Global Brands,” *Interbrand*, accessed April 24, 2014, http://www.interbrand.com/en/best–global–brands/2013/Best–Global–Brands–2013.aspx.

6. 很显然，谷歌和脸书是通过付费广告的形式将它们的社交媒体商业化。但是，虽然这种商业模式需要付费广告的支持，其媒体上的内容却是开放给每个人的。这跟传统的雇用大量人手对编辑内容进行筛选和核对的媒体帝国有着天壤之别。

7. “The Top 10 Industries that Contributed Most to Google Earnings,” *WordStream Inc.*, Accessed April 26, 2014, http://www.wordstream.com/articles/google–earnings.

8. “Upworthy.com Traffic and Demographic Statistics,” *Quantcast*, accessed April 26, 2014, https://www.quantcast.com/upworthy.com.

9. Mark Michell, “Google’s 8 Simple Rules for Being a Better Manager,” *Government Executive*, January 15, 2013, http://www.govexec.com/excellence/promising–practices/2013/01/googles–8–simple–rules–being–better–manager/60882/.

10. Gary Burnison, “What Thomas L. Friedman Didn’t Report About Getting Hired by Google,” April 13, 2014, https://www.linkedin.com/today/post/article/20140313201538–281874400–what–thomas–l–friedman–didn–t–report–about–getting–hired–by–google.

第六章

1. “120 Years of American Education: A Statistical Portrait, 1993,” *National Center for Education Statistics*, January, 1993, http://nces.ed.gov/pubs93/93442.pdf.

2. “School Enrollment, Primary (% net),” *World Bank*, accessed April 26, 2014, http:// data.worldbank.org/indicator/SE.PRM.NENR/countries/IW?display=graph.

3. “YouTube U: The Power Of Stanford’s Free Online Education,” *Co.Exist*, November 11, 2011, http://www.fastcoexist.com/1678792/youtube–u–the–power–of–stanfords–free–online–education.

4. “MOOCs in 2013: Breaking Down the Numbers,” *EdSurge*, December 22, 2013, https://www.edsurge.com/n/2013–12–22–moocs–in–2013–breaking–down–the–numbers.

5. 一次课程访问是指学生观看一次慕课的学习单元或者学习单元的一部分。当然，每个学生的实际课程访问量取决于课程周期、课程学习单元数量和时长以及学生对该门课程的熟悉程度。以我们教授慕课课程的经验来看，平均每个学生的课程访问量为 10 次，包括没有完成课程学习以及重复观看多次课程的学生。

6. “Stories,” *Khan Academy*, accessed April 26, 2014, https://www.khanacademy.org/stories.

7. “Employee–to–employee (E2E) Learning: Google’s g2g Program,” *Udemy*, accessed April 26, 2014, https://www.udemy.com/organizations/employee–to–employee–e2e–learning–bring–g00gles–g2g–program–to–your–team/.

8. An independent US nationwide in–home placement study, *Research Strategy Group Inc.*, March 2013.

第七章

1. "Frequently Asked Questions About Small Business," *Small Business Administration Office of Advocacy*, March 2014, http://www.sba.gov/sites/default/files/FAQ _March_2014_0.pdf.

2. Anthony Breitzman, PhD and Diana Hicks, PhD, "An Analysis of Small Business Patents by Industry and Firm Size," *Small Business Administration*, November 2008, http://archive.sba.gov/advo/research/rs335tot.pdf.

3. "US Angel Group Update: 2013 Year in Review," *CB Insights*, accessed April 24, 2014, http://www.svb.com/uploadedFiles/Content/Blogs/Halo_Report/halo–report–2013.pdf.

4. "MoneyTree Report—Q4 2013/ Full–year 2013," *PwC*, accessed April 26, 2014, http://www.pwc.com/en_US/us/technology/assets/pwc–moneytree–q4–and–full –year–2013–summary–report.pdf.

5. "Kauffman Index of Entrepreneurial Activity," *Ewing Marion Kauffman Foundation*, accessed April 26, 2014, http://www.kauffman.org/what–we–do/research/kauffman– index–of–entrepreneurial–activity.

6. "One Billion Dollars," accessed April 26, 2014, https://www.kickstarter.com/1billion.

7. Justine Ezarik, "iPhone Bill," accessed April 26, 2014, https://www.youtube.com/watch?v=UdULhkh6yeA.

8. Roger Parloff, "How Linux Conquered the Fortune 500," *Fortune*, May 6, 2013, http://money.cnn.com/2013/05/06/technology/linux–500.pr.fortune/.

9. "What is Copyleft?," *GNU Project Free Software Foundation*, accessed April 26, 2014. https://www.gnu.org/copyleft/.

10. 红帽公司也提供过免费的软件，比如 Fedora。

11. “Patent Policy,” accessed April 26, 2014, http://www.redhat.com/legal/patent_policy.html.

12. “Wikipedia.org Traffic Statistics,” *SimilarWeb*, accessed April 26, 2014, http://www.similarweb.com/website/wikipedia.org.

13. 这里“药品”这个词代表制药业和美国食品与药品监督管理局所定义的新分子实体（NME）。这些新分子实体是含有未被美国食品与药品监督管理局批准的分子成分的新药物。

14. “Pathway to Global Product Safety and Quality,” *US Food and Drug Administration*, accessed April 26, 2014, http://www.fda.gov/downloads/aboutfda/centersoffices/oc/globalproductpathway/ucm259845.pdf.

结语

1. Sudeep Reddy, “Number of the Week: Total World Debt Load at 313% of GDP,” *The Wall Street Journal*, May11, 2013, http://blogs.wsj.com/economics/2013/05/11/number–of–the–week–total–world–debt–load–at–313–of–gdp/.

2. “A Candid Conversation with the Visionary Architect/Inventor/Philosopher, R. Buckminster Fuller,” *Playboy*, February, 1972.

致 谢

写作是一种学习。

在动笔前，无论对这个话题有多熟悉，当真正开始写作时，就会发现自己知之甚少。在诸多老师、导师和支持者的指导下，我们开启了学习之旅。这是一次不断有所发现的智力旅程。我们在写作中的一个最大的发现就是，从别人那里，我们也能学到很多自己所在领域中的新知识。

现在，虽然互联网上的信息包罗万象，但是书籍的地位仍不可动摇。我们深知背后的原因——无数智慧才能凝结出一本书。因此，在本书伊始，我们必须感谢那些用自己的智慧和经历鼓励、支持、帮助我们的人。

首先，我们要感谢为本书提供案例的人们。他们是 Z 世代的原型，我们模仿他们发展自己，建立企业。这些人包括鲍勃·韦伯，作为人力资源领域活生生的榜样，他既是专业人士，又是君悦取得世界范围内成功的关键人物；还有比尔·格里本斯，在本特利大学建立了一个令人叹为观止的用户体验实验室；思科集团的卡洛斯·多明戈斯，自称是技术现在主义者（tech nowist），他保持年轻心态的能力以及与人分享的热情无与伦比。育碧软件的尼古拉斯·博纳尔迪，对最好的游戏、音乐总是跃跃欲试，是接受过现代教育的人的典范。克雷格·柯伯格与他的兄弟马克共同创立了解放儿童组织，这个组织可以说是最能激发、影响、塑造Z世代的非营利组织。丹尼尔·德鲍重新界定了绩效的概念；乔治·阿基里斯关于Z世代的观点让人惊叹不已；人称“数据超人”的凯文·戴维斯准确说明了我们为什么应当进一步了解大数据——因为它能预测结果；我们远见卓识的老朋友和同事吉图·帕特尔是硅谷最热门的一家公司的掌门人，他的活力似乎从不消退；思杰公司的贾斯汀·拉维正在改变我们对远程工作的可行性、价值以及影响的看法；斯蒂芬妮·费舍尔与古拉姆一起创立了世界上最有影响力的营销专业团队之一；15岁的苏曼·穆拉穆迪让我们思考Z世代未来的巨大潜力；我想感谢的人还有帕蒂·安克拉姆（Patti Anklam）、维韦克·巴斯卡兰、蒂姆·布鲁尔（Tim Brewer）、李·布莱恩特（Lee Bryant）、桑德拉·迪肯·凯尔教授（Sandra Deacon Carr）、劳拉·卡斯滕森、兰迪·考克（Randy Corke）、艾伦·多姆博士（Ellen Domb）、达米安·杜尚（Damien Duchamp）、莱斯利·法恩（Leslie Fine）、阿尔扬·哈林、约瑟夫·基布勒博士（Joseph Keebler）、韦恩·库兹曼（Wayne Kurtzman）、里

克 · 莱德（Rick Ladd）、罗伯特 · 拉维尼（Robert Lavigne）、乔 · 米勒（Joe Miller）、迈克尔 · 穆勒博士（Michael Mueller）、拉雅 · 帕哈里亚（Rajat Paharia）、罗伯特 · 拉斯姆森（Robert Rasmussen）、丽贝卡 · 里恩佐（Rebecca Rienzo）、马可 · 史密斯、徐汝康教授、凯文 · 韦巴赫和泰 · 怀特。

十分幸运，我们拥有最专业的出版团队。我们可能只有一个大概念，而将这些概念的细节有意义地、综合地展示出来却是一件极其耗费精力的事，但是只有这样才能防止自己沉浸在想象之中无法自拔。

我们的代理人约翰 · 韦利格（John Willig）经验丰富、精力充沛，像几十年前的军队教官一样果断干练（连发型也很像）。他能够迅速总结观点，找到问题所在，指明方向，在我们做艰难抉择时，他经常帮助我们厘清思路、切中要害。

我们的书动（Bibliomotion）出版团队由吉尔（Jill）和埃里卡（Erika）率领，在这个亟须创新的产业里，他们正在创造另一个成功案例。埃里卡接受新事物的能力令人惊叹，这对在社会中普及 Z 世代这样一个大概念特别重要。还有奥德拉（Audra）、吉尔（Jill S.）和舒万（Shevaun），我们知道，书动出版团队一直在背后支持我们。

作家中流传这样一句话，在写作结束时，一遍又一遍地阅读每一章每一节，会达到“人书合一”的境界，但是作者也会对自己的作品产生“雪盲”效应。我们对编辑苏珊（Susan Lauzau）表示最诚挚的谢意，她不放过任何一个细节，敏锐而又一丝不苟，让我们从